Pamphlet, documenti, storie
REVERSE

Autori e amici di
chiarelettere

Michele Ainis, Avventura Urbana Torino, Andrea Bajani, Gianni Barbacetto,
Stefano Bartezzaghi, Oliviero Beha, Marco Belpoliti, Daniele Biacchessi,
David Bidussa, Paolo Biondani, Tito Boeri, Caterina Bonvicini, Beatrice Borromeo,
Alessandra Bortolami, Giovanna Boursier, Carla Buzza, Olindo Canali,
Davide Carlucci, Luigi Carrozzo, Andrea Casalegno, Antonio Castaldo,
Carla Castellacci, Massimo Cirri, Fernando Coratelli, Pino Corrias,
Riccardo Cremona, Gabriele D'Autilia, Vincenzo de Cecco, Andrea Di Caro,
Franz Di Cioccio, Gianni Dragoni, Giovanni Fasanella, Massimo Fini,
Fondazione Fabrizio De André, Goffredo Fofi, Massimo Fubini, Milena Gabanelli,
Vania Lucia Gaito, Pietro Garibaldi, Mario Gerevini, Gianluigi Gherzi,
Salvatore Giannella, Francesco Giavazzi, Stefano Giovanardi, Franco Giustolisi,
Didi Gnocchi, Peter Gomez, Beppe Grillo, Guido Harari, Ferdinando Imposimato,
Karenfilm, Giorgio Lauro, Alessandro Leogrande, Marco Lillo, Felice Lima,
Stefania Limiti, Giuseppe Lo Bianco, Saverio Lodato, Carmelo Lopapa,
Vittorio Malagutti, Antonella Mascali, Giorgio Meletti, Luca Mercalli,
Lucia Millazzotto, Angelo Miotto, Letizia Moizzi, Giorgio Morbello,
Loretta Napoleoni, Alberto Nerazzini, Gianluigi Nuzzi, Raffaele Oriani,
Sandro Orlando, Antonio Padellaro, Pietro Palladino, David Pearson (*graphic design*),
Maria Perosino, Roberto Petrini, Renato Pezzini, Telmo Pievani, Paola Porciello (*web editor*), Marco Preve, Rosario Priore, Emanuela Provera, Sandro Provvisionato,
Luca Rastello, Marco Revelli, Gianluigi Ricuperati, Sandra Rizza, Marco Rovelli,
Claudio Sabelli Fioretti, Andrea Salerno, Laura Salvai, Ferruccio Sansa,
Evelina Santangelo, Michele Santoro, Roberto Saviano, Matteo Scanni,
Roberto Scarpinato, Filippo Solibello, Riccardo Staglianò, Bruno Tinti,
Marco Travaglio, Elena Valdini, Vauro, Concetto Vecchio, Carlo Zanda.

PRETESTO 1 → *a pagina 302*

"La berlusconite
è un'infezione mortale
incurabile,
che porterà alla rovina
l'Italia tutta.
Come già accaduto
con un altro
capo di governo,
Benito Mussolini."

PRETESTO 2 → *a pagina 230*

"Piuttosto poi che prima,
la Chiesa i suoi errori
sa riconoscerli.
Ci mette un po' di tempo,
prendiamo Galileo,
ma alla fine ci arriva.
Scommettiamo
che nel 4018
il preservativo
sarà consentito?"

→ *a pagina 220*

"Quando la rete viene
tirata in superficie
i tonni si contendono
il poco spazio
fino a uccidersi fra loro.
Solo in quel momento il rais,
nel caso specifico Berlusconi,
ordina di arpionare."

→ *a pagina 171*

"'Scancellamu e accominciamu da capu'.
Me l'ha fatto tornare in mente
tutto il gran scusarsi degli ultimi tempi.
Dalle scuse di Tremonti
per la bidonata della social card
a quelle del papa al popolo ebreo.
Da noi le scuse non significano
il proposito di non ripetere
l'errore o l'offesa, ma tutt'altro."

PRETESTO 3 → *a pagina 99*

"Velata verità
 Segreto stupore
 Sguardo leggero
 Insondabili orizzonti."

Sandro Bondi, Fra le tue braccia,
poesia dedicata a Marcello Dell'Utri

→ *a pagina 308*

"Un deputato che porta a letto due ragazze
e sniffa con loro fa danno a se stesso,
alla sua famiglia, al suo partito.
Ma un presidente del Consiglio
è un'altra cosa: se dà scandalo,
esso non solo investe lui, la famiglia
e il partito, ma soprattutto
la nazione che rappresenta."

© Chiarelettere editore srl
Soci: Gruppo editoriale Mauri Spagnol S.p.A.
Lorenzo Fazio (direttore editoriale)
Sandro Parenzo
Guido Roberto Vitale (con Paolonia Immobiliare S.p.A.)
Sede: Via Guerrazzi, 9 - Milano

ISBN 978-88-6190-088-2

Prima edizione: luglio 2009

www.chiarelettere.it
BLOG / INTERVISTE / LIBRI IN USCITA

Andrea Camilleri
Saverio Lodato

Un inverno italiano

chiare**lettere**

Andrea Camilleri è nato a Porto Empedocle (Agrigento) nel settembre 1925. Regista teatrale, debutta a Roma nel 1953. Dal 1958 lavora come produttore e regista televisivo e radiofonico in Rai. Ha insegnato Direzione dell'attore all'allora Centro sperimentale di Cinematografia, ha tenuto la cattedra di regia, per quindici anni, all'Accademia nazionale d'Arte drammatica Silvio D'Amico. Nel 1978 pubblica il suo primo romanzo: da allora non abbandonerà più la letteratura. Ha pubblicato oltre cinquanta volumi tra romanzi storici e civili, romanzi polizieschi e la serie che ha come protagonista il commissario Montalbano. Ha venduto, in Italia, circa ventuno milioni di copie. All'estero, circa otto milioni. È tradotto in più di trenta lingue. Collabora a numerosi quotidiani italiani e stranieri. Ha ricevuto premi letterari in Italia e all'estero; tra gli altri il Bancarella, il Flajano, il Morante, il Vittorini, il Mondello, il Cardarelli, il Cité de Paris.

Saverio Lodato è nato a Reggio Emilia nel 1951, da madre milanese e padre di Canicattì. Ha vissuto a Reggio Emilia, Modena, Pisa e Livorno, prima di stabilirsi a Palermo all'età di otto anni. È laureato in Filosofia. La sua attività giornalistica è iniziata a «L'Ora» di Palermo nel 1979. Nel 1980 è passato a «l'Unità», quotidiano per il quale ha sempre lavorato. Nel 1990 ha scritto il suo primo libro, *Dieci anni di mafia* (Bur) che si ristampa ininterrottamente da allora e che adesso si intitola *Trent'anni di mafia*. Altri libri con Rizzoli: *Dall'altare contro la mafia* (1994); *La linea della palma*, intervista ad Andrea Camilleri (2002); *Intoccabili*, con Marco Travaglio (2005). Con Garzanti: *I miei giorni a Palermo*, intervista ad Antonino Caponnetto (1992); *Potenti. Sicilia anni Novanta* (1992); *Vademecum per l'aspirante detenuto* (1993). Con Mondadori: *Ho ucciso Giovanni Falcone* in cui Giovanni Brusca racconta la sua vita (1999); *La mafia ha vinto*, il libro testamento di Tommaso Buscetta (1999). Con Chiarelettere: *Il ritorno del principe*, libro intervista a Roberto Scarpinato (2008). Il suo hobby è la fotografia. Ha un figlio, Giuliano, di quattordici anni.

Sommario

UN INVERNO ITALIANO

L'Italia nel mare del grandguignol *di Saverio Lodato*	5
Notizie di giornata al ristorante virtuale dello chef siciliano	9
Novembre	13
Dicembre	33
Gennaio	83
Febbraio	135
Marzo	185
Aprile	237
Maggio	291
Indice dei nomi	329

UN INVERNO ITALIANO

A mia madre, a Giuliano, a Giusi
S.L.

L'Italia nel mare del grandguignol
di Saverio Lodato

Un'Italia ormai prossima al collasso. Un'Italia insensata, dissennata. Che gli osservatori stranieri capiscono sempre meno. Che le istituzioni internazionali guardano con un misto di sospetto, diffidenza, sconcerto. Un'Italia che non perde occasione di bistrattare i suoi stessi premi Nobel. Un'Italia dove il troglodita di turno può permettersi di dileggiare il capo dello Stato. Un'Italia dove il potere abita in una casa privata. Un'Italia in cui i politici al governo hanno dato vita a un'immensa corte di famuli e manutengoli. Un'Italia con uno dei più colossali conflitti di interesse del pianeta. Un'Italia dove il premier invita i terremotati a «scendere in albergo». Un'Italia dove il premier è conosciuto con il vezzeggiativo di «papi». Un'Italia dove il ministro dell'Interno spiega di volere essere «cattivo» con gli extracomunitari. Un'Italia in cui elzeviristi di regime fanno le pulci alla Storia ma chiudono occhi, orecchie e bocca di fronte al presente.

Un giorno dietro l'altro, frase dopo frase, pagina dopo pagina, con tanta rabbia per come ci siamo ridotti; con un occhio rivolto alle speranze dei padri fondatori della nostra Repubblica e l'altro allo scempio che, in ogni campo, viene ormai fatto di valori fino a ieri riconosciuti, condivisi, indiscutibili: questo libro è stato scritto così. Libro singolare quasi un grandguignol della politica e della cronaca italiane, ma senza alcun bisogno di introdurre effetti speciali. È il diario di un inverno. Un inverno italiano. Inverno freddissimo, che lascerà in molti l'amaro in bocca. Questo libro è nato da una constatazione e da una scommessa.

La constatazione era che, ogni giorno, la cronaca politica, quella nera, quella rosa, quella economica, quella del mondo dei media – per fare solo qualche esempio – si portano dietro un'infinità di domande destinate a restare prive di risposta, in un affastellarsi di «casi» sempre più sensazionali, «notizie» sempre più eclatanti, «misteri» sempre più indecifrabili. Con il risultato che – alla fine – lettori o spettatori che siano ne sanno quanto prima, e si ritrovano in uno stato a dir poco confusionale. Leonardo Sciascia aveva fatto in tempo ad accorgersi che l'Italia era diventata «un paese senza verità». Non poteva prevedere che sarebbe diventato il paese dalle mille verità.

Tutto e il contrario di tutto. La Storia rivoltata come un calzino. Il capo del governo che fa le leggi per non farsi processare. Il mafioso che viene proclamato eroe dal suo sodale. Il povero che viene disprezzato e irriso. Il miliardario che se la ride. La volgarità che diventa stile di vita. L'Italia che crede di essere in condizione di dichiarare guerra all'Onu, all'Ue e – persino – di dare bonari consigli a Barack Obama. L'informazione in manette, in catene, con la palla al piede. E l'informazione a libro paga. E chi parla, smentisce se stesso. E chi testimonia su un fatto, testimonia a compartimenti stagni. E chi ricostruisce un puzzle, scarta le tessere che non gli fanno comodo. E chi sposa un'idea, può tranquillamente sposarne un'altra, appena l'indomani.

Siamo diventati il paese dei convertiti, dei folgorati, su questa o quella via di Damasco, degli smemorati di Collegno, degli sbianchettatori, dei crociati medievali, dei dispregiatori della vita di chi ha la pelle di un colore diverso dal nostro. Il paese dalle mille caste. Il paese delle leggi bricolage. Il paese, insomma, che sta perdendo tutto il suo passato.

Ma alla constatazione, faceva seguito la scommessa. E la scommessa era quella di trovare, giorno dopo giorno, almeno un piccolo bandolo della matassa, per provare a ragionarci su.

A metà novembre 2008, andai a trovare Andrea Camilleri, che conosco dai tempi della *Linea della palma* (Rizzoli 2002), il libro in cui mi aveva raccontato la sua vita. Che cosa potevamo fare ancora una volta insieme? Che cosa potevamo inventarci per offrire a qualche volenteroso lettore una quotidiana «pillola» di sdegno civile? Un piccolo kit di sopravvivenza, in un mare sterminato di luoghi comuni, verità addomesticate, versioni di regime?

Gli antichi scrittori di storie del mare raccontano che nelle stive dei vascelli ci fosse sempre una scorta di numerosi barili di olio che, in caso di burrasca, servivano a far placare le onde almeno nello spazio più vicino alla nave, dando così all'equipaggio il tempo di decidere il da farsi. Verità o leggenda che sia, l'esigenza era esattamente quella: evitare di essere giornalmente sommersi dal mare delle chiacchiere, dal mare del grandguignol, tirare su una piccola barriera frangiflutti che durasse almeno per ventiquattr'ore.

È nata così la rubrica *Lo chef consiglia*. Che la direzione de «l'Unità» abbia entusiasticamente accettato di ospitare nella sua piccola stiva questo insolito carico di barili d'olio, è merito che le va riconosciuto.

Avvertenza

Questo libro propone i testi di Andrea Camilleri e Saverio Lodato pubblicati su «l'Unità» nella rubrica *Lo chef consiglia*, dal 20 novembre 2008 al 22 maggio 2009.

Notizie di giornata
al ristorante virtuale
dello chef siciliano

S.L. *Andrea Camilleri, cos'è questa storia che da domani lei aprirebbe un suo piccolo e personale ristorante all'interno delle pagine de «l'Unità»? È una leggenda metropolitana?*

A.C. No, non è una leggenda metropolitana. Sarà un ristorante virtuale, perché aprire oggi un ristorante, con i tempi che corrono, sarebbe da dissennati. Io, in questo ristorante, farò solo lo chef. Ho un socio segreto, di cui non faccio il nome: Saverio Lodato. È un ristorante molto particolare, perché serve una sola pietanza al giorno. Si tratta di una pietanza che potrebbe risultare indigesta se non venisse da noi trattata con particolari accorgimenti per renderla digeribile agli italiani.

La ringrazio per la fiducia accordatami, anche se avevo capito che lei preparava i piatti e a me restava l'incombenza di portarli in tavola. Ma è molto meglio così... Quello che però non ho ancora capito è che tipo di cucina intenda proporre. Ormai la cucina regionale è destinata solo agli amatori. Sarà cucina internazionale la sua, sarà nouvelle cuisine, grandi abbuffate o piccole porzioni?

Per un problema di digeribilità, serviremo sempre piccole porzioni, anche perché credo che un'abbuffata di piatti simili porterebbe alla scomparsa dei clienti. Questo non significa che noi andremo a cercare i prodotti componenti il nostro piatto solo da quel mercato che si trova alla destra di casa mia, ma anche in quello che si trova alla sua sinistra. Perché i due mercati, in questo senso, sono fornitissimi: non hai che l'imbarazzo della scelta. Caro socio, vuole che le faccia un esempio?

Dica, dica.

Grazie. È un esempio che riguarda il passato. Mi era venuto in mente di intitolare una portata «La felicità di pagar le tasse». Avevo comperato gli ingredienti necessari al mercato che sta a sinistra. Non ha idea a quali spezie d'Oriente ho dovuto far ricorso per rendere appetibile e digeribile questa portata.

Possiamo svelare qualche altro titolo delle sue creazioni?

E allora le dico un piatto i cui ingredienti ho comperato nel mercato che sta a destra. Il nome della pietanza era: «Impronte di bambini in salsa rom». Per far digerire quello, non solo ho dovuto ancora una volta ricorrere alle spezie d'Oriente, ma ci ho dovuto mettere dentro, seguendo un consiglio che mi aveva dato Umberto Bossi, un po' di acqua del Po che lui personalmente mi ha versato dalla sua boccetta.

Ma questo ristorante si rivolge davvero a tutti, o lei ha in mente un target particolare di clientela?

No, no. Intendo rivolgermi a tutti, senza nessun target particolare, anche se mi rendo conto che chi è debole di stomaco, o vegetariano, potrebbe incontrare qualche difficoltà ad avvicinarsi alla nostra tavola. Insomma: vuole essere e sarà un ristorante per stomaci forti.

Da meridionale par suo, i soffritti li farà con olio extravergine d'oliva o ricorrerà a qualche noce di burro, se non addirittura allo strutto che molti dicono dia più sapore a certe pietanze?

Ricorrerò a tutto, perché, come ho già detto, si tratta di portate che ci vuole una bella faccia tosta a servire in tavola.

Devo dirglielo: sono preoccupato. Un ristorante tenuto in piedi da uno chef, pur del suo calibro, e da un semplice compagno di avventura, mi consenta ma sinora non si era mai visto. Lei è convinto di avere la voglia e le idee per tirare su ogni giorno la saracinesca?

Le do un motivo di preoccupazione in più. La saracinesca sarà tirata su con la maggiore frequenza possibile. Non è detto che bisogna già precisare i giorni di chiusura o di apertura. Sostanzialmente, dipenderà dalla merce fresca che troverò nei due mercati.

Lei mi sembra ottimista per natura, io lo sono un po' meno. Sa che le dico? Che se qualcuno si accorgerà che al suo ristorante si mangia davvero troppo bene, si paga davvero troppo poco, e che la clientela andrà a moltiplicarsi, qualcuno avrà la brillante idea di mandarci i Nas. Così, tanto per gradire.

Questo timore lo nutro anch'io. Però faccio presente agli eventuali ispettori dei Nas che il mio condimento è genuino, gli ingredienti freschi di giornata. Casomai è già scaduta la merce che ho comperato...

Può rivelare, con un giorno di anticipo, quale sarà il nome del ristorante?

«Il cliente ha sempre torto».

Senta, io la conosco ormai da diversi anni. Lei non è tipo da intraprendere un'impresa senza prima averci pensato cento volte. Ma domani, quando per l'inaugurazione del locale non arriveranno né telecamere né fotografi né giornalisti, semmai qualche sparuto cliente, che conta di cucinare?

A questi sparuti clienti presenterò, ovviamente, il piatto del giorno, che si chiamerà «Cucù settete». Anzi, diciamo che glielo propongo sin da oggi come antipasto...

Cominciamo male. Che significa «cucù settete»?

Stia tranquillo. È un gioco che viene praticato dal nostro presidente del Consiglio il quale, ricevendo la signora Angela Merkel, si nasconde dietro una colonna e fa «cucù». Credo che fra i nostri clienti la signora Merkel certamente non mancherà.

Che Dio ce la mandi buona. E ora, con tutto il rispetto, se ne torni in cucina perché il tempo stringe e, come si dice, chi ben comincia è solo a metà dell'opera.

«*l'Unità*», *20 novembre 2008*

Novembre

E il premier canticchia:
«Tutto va ben, madama la Marchesa»

Anche oggi le Borse colano a picco in mezzo mondo. Guglielmo Epifani, segretario nazionale della Cgil, mette in guardia: «È in arrivo una valanga». Berlusconi è sereno: «L'Italia non sta reagendo male. Abbiamo un sistema bancario solido». Sembra il vecchio Krusciov che era solito dire che la Borsa un giorno scende e un giorno sale... Che gliene pare?

Epifani parla di valanga e Berlusconi canticchia: «Tutto va ben, madama la Marchesa». Probabilmente, Berlusconi è d'accordo con quel generale degli alpini che, nella Guerra del '15-18, incitava i suoi soldati al grido: «Siate la valanga che sale!». Come è noto *urbi et orbi*, Berlusconi è in grado di far sì che le leggi della fisica si adattino alle sue esigenze. Il fatto vero è che stavolta, Berlusconi o no, la valanga verrà giù sul serio. Lo chef oggi non se la sente di portare in tavola ai suoi clienti questa pietanza amara che avrebbe voluto intitolare «L'altalena», riferendosi alle oscillazioni sismiche delle Borse.

Lo chef, d'altra parte, ha capito che questo altalenare non riguarda solo gli speculatori, ma anche i piccoli risparmiatori. Quindi credo che i clienti che chiederanno questa pietanza oggi saranno tantissimi. Per scrupolo di coscienza lo chef deve avvertire che si tratta di un piatto francamente e veramente indigesto, quindi avevo pensato di servirlo con un contorno di cacio all'argintera. Il cacio all'argintera consiste in fettine di caciocavallo di Ragusa fritte con purissimo olio extravergine d'oliva. E una volta indorate, abbondantemente innaffiate con aceto di vino doc, invecchiato di almeno trent'anni.

Il piatto vero e proprio lo chef si riserva di servirlo nel momento in cui la valanga, con grande stupore di Berlusconi, minaccerà di travolgerci tutti. E speriamo che si tratti solo di... neve.

(21 novembre 2008)

Riccardo Villari,
ovvero la passione italica per la poltrona

Camilleri ha visto? Si è arrampicato sull'albero, se ne è andato per li rami e adesso non vuole più scendere. Villari, dico, il nuovo presidente della Commissione di vigilanza Rai non le ricorda Cosimo di Rondò, il barone rampante di Calvino, che per sfuggire ai parenti si arrocca per sempre fra le fronde? Tutti a dirgli «scendi, scendi, non fare così» – da Veltroni a Fini a Schifani a Berlusconi – ma lui niente. Escludendo che Villari, come Cosimo, concluda la sua vicenda volando via dall'albero appeso alla corda di una mongolfiera, questa ennesima storiella italica, come finirà?

Prima della previsione, è necessaria la precisazione: Cosimo se ne sta per i fatti suoi, sui rami. Villari, invece, convoca la commissione, fa eleggere i vicepresidenti, e via di questo passo. Più che essere campato in aria, sta con i piedi per terra. Questo attaccamento alla poltrona ha in Italia precedenti storici: a cominciare da Mussolini per il quale la rivista «Il becco giallo» disegnò una vignetta rimasta famosa. Mussolini attaccato alla poltrona di presidente del Consiglio che gridava a squarciagola: «Caschi il mondo non la mollo». Esempi più recenti riguardano la Rai, dove il fenomeno è diffuso: il presidente Baldassarre rimase imperterrito al suo posto con un solo consigliere di amministrazione. E mentre percorreva i corridoi, mormorava due eroici versi, «Io solo combatterò, procomberò sol io», di leopardiana memoria. I funzionari rispondevano in coro con altri due versi immortali, quelli del pover uomo che non se n'era accorto ma «andava combattendo ed era morto». In genere, i democristiani, quando sedevano su una poltrona, la cospargevano con un attaccatutto universale, per cui era difficilissimo farli alzare. Villari viene da quelle fila e con lui si può usare la stessa tecnica: fargli vedere una poltrona assai più remunerativa, che gli metta l'acquolina in bocca.

(22 novembre 2008)

Tg a reti unificate.
La tv secondo il Cavaliere

Berlusconi ce l'ha con i tg Rai perché aprono immancabilmente con «Crisi, crisi, crisi», mentre sarebbe più giusto, per lui, che aprissero al grido: «Vacche grasse, vacche grasse». E aggiunge, a leggere la cronaca del «Corriere della Sera»: «Come posso combattere così? Non riesco a far passare il mio messaggio». Osserva il cronista: «Il Cavaliere inviterà i cittadini a spendere – appena ieri ha detto: "consumate" – ma al tempo stesso dovrebbe invitarli a risparmiare... E così il paese non comprende». Perché gli italiani non fanno uno sforzo?

Berlusconi, però, potrebbe agevolarli cercando di veicolare in modo migliore il suo messaggio ottimista. Mi trovo in imbarazzo a suggerire un palinsesto ideale al grande comunicatore in evidente difficoltà. Ci provo lo stesso. Innanzitutto accogliere il suggerimento di Dell'Utri: sempre facce sorridenti; anche se si tratta di cataclismi o tsunami. E poiché i tre tg coprono più o meno le stesse fasce orarie, suggerisco che Berlusconi in persona, di primo mattino, canti il ritornello di quella famosa canzone anni Trenta di Rodolfo De Angelis: «Ma cos'è questa crisi?... Faccia agire un grande attore e vedrà... che la crisi passerà...». Subito dopo, prima dei tg d'ora di pranzo, dieci minuti di barzellette – a reti unificate – raccontate da lui medesimo.

Quando si fa sera, montaggio di alcune brevi scene che più hanno divertito gli italiani: le corna al diplomatico straniero; l'inseguimento per baciare l'operaia russa; la proposta alla moglie di sostituire Cacciari; e via di questo passo. Infine, prima che gli italiani vadano a letto, almeno un'altra canzone, sempre cantata da lui, ma questa volta con Apicella. Sono sicuro che gli italiani non darebbero più alcun credito ai giornali che ripetono pappagallescamente: «Crisi, crisi, crisi».

(24 novembre 2008)

Il desiderio segreto di Berlusconi: clonare Emilio Fede

Berlusconi è uscito – come si dice in Sicilia – al naturale: «La canzone quotidiana dell'opposizione è il pessimismo». Si intitola L'offesa del sottoscritto. *Parole di sinistra, musiche Rai-Kabul. Uno di quei complotti da stroncare con editto bulgaro, quello che defenestrò Enzo Biagi: «C'è un passaparola fra i conduttori di sinistra per insultare, oltraggiare, offendere la mia persona». Il chiodo fisso del premier?*

Berlusconi, incalzando genericamente la Rai, in realtà intende rivolgersi alla Terza rete, essendo noto a tutti che la Seconda è di centrodestra, mentre la Prima dovrebbe essere al di sopra delle parti. Non credo che in giro ci siano altri conduttori di sinistra. Una soluzione sarebbe la clonazione di Emilio Fede e la sua distribuzione su ogni rete, anche le rimanenti di Mediaset. Insomma, una sorta di conduttore Dolly, come la pecora. Ma c'è il rischio che la clonazione non riesca e si danneggi il prototipo. Berlusconi è come uno dei protagonisti del *Quadro delle meraviglie*, l'intermezzo teatrale di Cervantes. Tre imbroglioni – *absit iniuria verbis* – arrivano in un paesino trascinandosi dietro un'enorme cornice coperta da un telo. Al pubblico che immediatamente si raccoglie, spiegano che appena solleveranno il telo potranno assistere alla più grande battaglia di

Alessandro Magno, ma anche a tanti altri episodi meravigliosi. A una condizione: che tutti i presenti siano figli legittimi. Quindi appena inizia lo spettacolo, e il quadro viene scoperto, tutti fanno alte espressioni di meraviglia, anche se non vedono nulla.

Morale della favola: gli italiani cominciano ad accorgersi che la cornice del quadro delle meraviglie, che – secondo Berlusconi – dovrebbe essere la televisione, è desolatamente vuota. E anche a costo di dichiararsi figli illegittimi, cominciano a protestare per l'inganno. Il tempo degli illusionisti è definitivamente tramontato.

(25 novembre 2008)

Verso il peggiore dei mondi possibili

A Rimini, in quattro prendono una tanica di benzina e danno fuoco al barbone che sta dormendo e ora è fra la vita e la morte. I buontemponi, fra i diciannove e i ventiquattro anni, lavoratori o studenti incensurati, hanno confessato. Brani di conversazione, intercettati quando ancora speravano di farla franca: «Che bella scaldata che gli abbiamo dato»; «Avessi visto come si dimenava, urlava, quante fiamme... Poi siamo dovuti scappare...». Parafrasando Leibniz, viviamo nel peggiore dei mondi possibili?

Pietro Calabrese la settimana scorsa ha ricordato un barbone palermitano detto affettuosamente l'Uomo cane, voluto bene da un intero quartiere. Qui vorrei ricordare un altro Uomo cane, quello di Marsala che aiutava i bambini a fare i compiti di aritmetica e nel quale qualcuno volle individuare nientemeno che Ettore Majorana, lo scienziato scomparso nel nulla nel 1938. Il fatto è che, malgrado resistano oasi di solidarietà, il disprezzo verso il diverso si fa sempre più strada. Un amico, tornato dagli Stati Uniti, mi ha raccontato che non essendo riuscito a mangiare l'enorme bistecca che gli avevano servito, il cameriere gli portò i resti dentro un sacchetto. Appena fuori, il mio amico vide un gruppo di barboni e si avvicinò per dar loro la carne, ma quelli rifiutarono visibilmente preoccupati. L'accompagnatore gli spiegò che spesso, ai barboni, veniva dato cibo avvelenato, così, per divertimento, come hanno fatto i giovani di Rimini. D'altra parte, proprio qualche giorno fa, mi sono capitati fra le mani i *Dialoghi con Leucò* di Cesare Pavese, dove, fra l'altro, il poeta scrive: «Perché noi uomini diciamo sempre per farci coraggio "ne ho viste di peggio" quando dovremmo dire: "Il peggio verrà"». Non credo che siamo già al peggiore dei mondi possibili. Ma stiamo facendo il possibile per farlo diventare tale.

(26 novembre 2008)

L'Ambrogino negato a Enzo Biagi.
Difficile riposare in pace

Perché in Italia gli uomini illustri vengono strattonati anche da morti? «Gramsci morì con i sacramenti e chiese alle suore di poter baciare un'immagine di santa Teresa del Bambin Gesù»: parola dell'arcivescovo Luigi De Magistris, penitenziere emerito della Santa Sede. Gramsci morì settantun anni fa. «Della sua conversione – che in sé non sarebbe scandalo – non è mai stata trovata traccia» osserva Beppe Vacca, presidente dell'Istituto Gramsci. Il centrodestra a Milano vota contro l'assegnazione a Enzo Biagi dell'Ambrogino d'oro, massima onorificenza cittadina. Da noi, è più semplice morire che riposare in pace?

Credo non sia nemmeno facile morire, visti i casi Welby ed Englaro; di conseguenza non ti lasciano in pace neanche da morto. Ricordo la civilissima definizione coniata per Marco Biagi, ammazzato dalle Br, dal ministro Scajola: «Era un rompicoglioni». C'è di peggio: alcuni non sono lasciati in pace nemmeno quando agonizzano. Attorno al letto di morte di grandi personalità non credenti, spesso si scatena una danza macabra fatta da suore e preti che agitano santini, aspersori, turiboli e stole. Così è stato per Benedetto Croce, per Concetto Marchesi, per Curzio Malaparte, per Renato Guttuso e tanti altri. Nell'album delle figurine Panini dei convertiti dell'ultima ora si capisce perché la figurina Gramsci sia così ambita. È più rara di quella del Feroce Saladino dei tempi de *I quattro moschettieri* – il programma radiofonico di Nizza e Morbelli – quando la Perugina inserì nelle confezioni dei suoi dolciumi le figurine legate alla trasmissione. Chi completava l'album vinceva premi stratosferici. Ma di Feroce Saladino se ne trovarono pochissimi. Con Gramsci, ci riprovano a scadenze trentennali. Quanto all'Ambrogino negato a Biagi, si erano già rifiutati di assegnarlo a Camilla Cederna. Biagi ne sarà contento: ricevere certi premi, da certe giurie, non sempre è gratificante.

(27 novembre 2008)

Piccoli e grandi Cesari

Fini è preoccupato, invoca «democrazia» nel nuovo Pdl, si immerge nella lettura della storia romana, non gradisce che il premier abbia impiegato «dieci minuti» per sciogliere Forza Italia (lo stesso tempo che ci vuole a sciogliere in acqua un dado vegetale), ha scoperto – osserva Gianfranco Pasquino – «che Cesare non aveva un vice Cesare». Bossi bacchetta Fini: «Ha studiato male». Bonaiuti si schiera con Cesare: «Anche noi abbiamo varcato il Rubicone e poi Cesare semplificò il linguaggio: veni, vidi, vici». Siamo al «dado vegetale», o al «dado è tratto», quando Cesare, per davvero, varcò il Rubicone?

Intanto consulterei il Devoto-Oli. Alla voce «cesarismo» recita: «Sistema politico che esalta l'autorità di un monarca o genericamente di un capo supremo (dal latino *Caesar*)». Prima di parlare di brodini, se le cose stessero come dice Fini, ci troveremmo davanti all'annuncio di nuove Idi di marzo. Però ci troviamo nel 2008 e i grandi personaggi dell'epoca romana si sono alquanto rimpiccioliti (nessuna allusione fisica) per cui oggi è difficile che qualcuno possa dirsi Cesare, Antonio, Bruto o Porzia. Semmai potremmo parlare di Piccolo Cesare – ricordate il film americano sui gangster? E che ruolo dovrebbe ricoprire

Fini? Quello di Bruto? C'è un problema. Che Cesare, mentre Bruto lo infilza con il pugnale, pronuncia la famosa frase: «Anche tu Bruto, figlio mio». Politicamente parlando, i padri di Fini sono almeno due: Almirante e Berlusconi. E la parte di Antonio chi la sosterrebbe? Per Porzia, invece, non avremmo che l'imbarazzo della scelta. Lo dico da vecchio regista di teatro: temo che la tragedia rischi, con simili attori, di rivelarsi un'altra italica farsa. Ciò premesso, che il dado sia vegetale, o di carne, il brodo riuscirà certamente immangiabile.

(28 novembre 2008)

Io c'ero ma non c'ero:
la scomparsa del premier nel momento della crisi

Per ventiquattr'ore gli italiani sono rimasti privi del loro Cesare. Assente alla riunione dei ministri, scomparso fra Palazzo Chigi, Palazzo Grazioli, Palazzo Ferrajoli, braccato dai cronisti, Berlusconi, nella sera di venerdì, si è rifatto vivo a Palazzo Grazioli, stupito dello stupore altrui: «Eccomi qua». Un'assenza abbagliante. Dove è stato Cesare? Nelle Mille e una notte *si racconta di un principe che, non fidandosi dei collaboratori, di notte si travestiva da barbone e andava in città a verificare come i suoi sudditi fossero governati. Ma è credibile?*

No. Prima di tutto, in Italia nessuno si travestirebbe da barbone sapendo come i barboni vengono trattati. E Cesare, per sua stessa ammissione, la notte la trascorre tre ore a dormire e tre ore a fare l'amore. Se qualcuno crede di pigliarci in castagna, sostenendo che Berlusconi invece fa come diceva la pubblicità del vecchio purgante Kinglax – «Mentre voi dormite lui lavora» – perché la luce del suo studio di notte è sempre accesa, ricordo che questo era un vecchio trucco di Benito: lasciava la luce accesa a Palazzo Venezia e si andava a infilare sotto il lenzuolo. Insomma, la notte i sudditi sono lontanissimi dai pensieri del nostro Cesare. La sua temporanea scomparsa ha coinciso – se non sbaglio –

con un importante Consiglio dei ministri sui problemi economici: Cesare ha detto che si è costantemente mantenuto in contatto telefonico. Ve lo ricordate cosa fece il ministro degli Esteri Frattini? Dovendo barcamenarsi fra Russia e Stati Uniti, preferì restarsene in vacanza alle Seychelles e dichiarò che si era mantenuto in contatto telefonico; bellissimo alibi per poter dire: «Io c'ero ma non c'ero». Penso che Cesare abbia fatto come Frattini. Agli italiani, indignati per le elemosine elargite, potrà sempre dire: «Io c'ero, ma non c'ero, perché stavo ad Arcore a giocare con il mio nipotino».

(29 novembre 2008)

I «fascisti» dell'Onda
secondo il rettore della Sapienza

Gli universitari della Sapienza, facendo irruzione in aula magna, hanno interrotto l'inaugurazione dell'anno accademico. Il rettore Luigi Frati li ha definiti «fascisti», mentre loro lo definivano «buffone». Una brutta piega: un anno fa il contestatissimo invito al papa affinché tenesse la lectio magistralis. Giovedì, il rettore ha voluto escludere gli studenti dalla cerimonia; agli operatori tv che volevano aprire una finestra per questioni di luce ha detto: «Qui il padrone sono io»; sui tagli di fondi: «Una cazzata, alla Sapienza non ci sono tagli. Tremonti vada a rompere le palle da un'altra parte».

Questi giovani, come è stato ampiamente dimostrato dalle loro manifestazioni negli ultimi tempi, non hanno nessun senso di opportunità né di «civile decoro». Pare che siano preoccupati per il loro avvenire, ma questa – secondo certi benpensanti – non è una ragione sufficiente per interrompere la sacralità del rito in ermellino dell'inaugurazione dell'anno accademico. Anche se il rettore non li aveva invitati, loro avrebbero dovuto partecipare in silenzio dopo essere entrati in punta di piedi, lasciandosi cullare dalle alate parole del Magnifico. Il quale, dopo avere ricordato che suo padre era stato partigiano, ha apostrofato i giovani che protestavano con la parola «fascisti». Forse il rettore non sa che se le colpe dei padri non possono ricadere sui figli, nemmeno possono ricadervi gli eventuali meriti. Evidentemente il rettore non è un uomo di mare, anche se è abile a navigare in qualche altro elemento, e quindi ignora che senza la forza propulsiva dell'onda la barca non potrà mai muoversi. È questo che vuole? Perché la sua frase «Tremonti vada a rompere le palle da un'altra parte», allo stato attuale delle cose, ha valore solo se si unisce al coro dell'Onda, diversamente non è altro che fumo negli occhi.

(30 novembre 2008)

Dicembre

Il raddoppio dell'Iva per Sky.
Piccolo Cesare colpisce ancora

Berlusconi raddoppia l'Iva sul canone per le televisioni a pagamento delle quali Sky, da sola, rappresenta il 91 per cento. Piccolo Cesare colpisce ancora. E il bello è che, dovendo spiegare il perché di questa mazzata a senso unico, dichiara che Sky sarebbe «amica» della sinistra. La decisione di tassare la concorrenza, colpendo quasi cinque milioni d'italiani che a quella tv sono abbonati, pare che abbia un po' schifato persino gente cui non manca il pelo sullo stomaco; Italo Bocchino, per esempio, vicepresidente del gruppo Pdl alla Camera, il quale dichiara: «Siamo pronti a discuterne serenamente». Schifato sì, ma dialogante.

Penso che questa sia la prima mossa veramente sbagliata del nostro Piccolo Cesare. Eminenti politologi, illustri politici, firme luminose del giornalismo si sono affannati per anni a spiegarci perché il problema del conflitto d'interessi non fosse un argomento di rilevante interesse per gli italiani. E così gli italiani hanno finito per crederci e il problema è caduto in sonno, per usare un'espressione che il Piccolo Cesare e Cicchitto conoscono bene. Così il Piccolo Cesare ha potuto tranquillamente continuare a fare tutte le leggi *ad personam* che ha voluto. Ma questa volta la manovra *pro domo sua* – spacciata come sempre «nell'interesse degli italiani» – può rivelarsi un boomerang: trasferisce infatti il problema del conflitto di interessi oltre i nostri confini, portandolo a conoscenza di un mondo dove le leggi non sono più quelle a suo uso e consumo. In altre parole, Piccolo Cesare, per la sua insaziabile ingordigia, rischia di fare la fine dei pifferi di montagna che andarono per suonare e furono suonati. Quanto alla sua affermazione che Murdoch sia amico dei comunisti, contiene due errori in uno: comunisti in circolazione non se ne vedono più da tempo, e Murdoch, se mai è stato amico di qualcuno, è stato amico suo.

(2 dicembre 2008)

«Vade retro gay».
Il no del Vaticano alla depenalizzazione dell'omosessualità

«Vade retro gay» sembra intimare il Vaticano che, in un rigurgito di caccia alle streghe, per bocca dell'arcivescovo Celestino Migliore, rappresentante della Santa sede all'Onu, diffida dal depenalizzare l'omosessualità, come proposto da una mozione francese. E poiché in tanti chiedono l'inclusione dell'aborto fra i diritti universali, l'aborto viene liquidato come «barbarie moderna». La Bonino osserva che in novantuno paesi l'omosessualità è un reato e in nove è punita con la pena di morte. Oppure carcere a vita, lapidazione, frustate. Contro questi paesi, dal Vaticano, neanche una parola.

Sono strabiliato dall'abilità con la quale monsignor Migliore riesce ad arrampicarsi «supra i mura lisci», come si dice dalle mie parti. Una volta questi ammirevoli esercizi di equilibrismo erano materia riservata ai gesuiti. Si vede che ora, avendo un pochino i gesuiti dirazzato, sono stati allenati nuovi acrobati. Affermando che il no vaticano alla depenalizzazione dell'omosessualità è dettato dall'esigenza di «non mettere alla gogna» i paesi che la condannano, monsignor Migliore, implicitamente, ingrassa il nodo scorsoio che impiccherà i colpevoli di omosessualità. E questo sarebbe il rispetto per la vita in nome del quale la Chiesa si oppone a ogni legge su aborto, diritto alla morte, embrioni? Proprio l'altro giorno, Umberto Eco ricordava come san Tommaso, nella sua *Summa*, sosteneva che gli embrioni non andranno in paradiso perché non hanno ancora un'anima. Ma il furore revisionista della Chiesa trascura anche i padri della Chiesa. Siccome i paesi che condannano con la morte l'omosessualità sono perlopiù islamici, vedo con terrore all'orizzonte una nuova Santa Alleanza, una nuova crociata cristiano-islamica – non sto alludendo al nuovo partito di Magdi Cristiano Allam – che disperderà i laici miscredenti cacciandoli in quell'inferno dal quale sono venuti.

(3 dicembre 2008)

L'ira di Berlusconi contro la stampa.
Chi di tv ferisce, di tv perisce?

Da non crederci: in un giorno Piccolo Cesare perde tre punti di gradimento. Parafrasando una vecchia canzone di Caterina Caselli si potrebbe dire: «La tv ti fa male lo so...». Cento canali Sky hanno aperto un impressionante fuoco di spot contro il governo. Corre voce che Piccolo Cesare ce l'abbia a morte con Ilaria D'Amico, icona Sky del calcio italiano; se la prende con Paolo Mieli, direttore del «Corriere della Sera», e con Giulio Anselmi, direttore de «La Stampa»: «A casa». L'Unione europea fa sapere che stava per aprirsi una procedura d'infrazione per l'Italia. Piccolo Cesare: «Figuraccia della sinistra». Ma l'Ue chiedeva il «livellamento», non «l'innalzamento» della tassa a Sky.

Vogliamo dire che «chi di tv ferisce, di tv perisce»? Vanamente lui e i suoi s'affannano a giustificare il madornale passo falso come obbedienza a una richiesta europea che – come lei nota – parlava di livellamento, non di innalzamento. Vanamente proclamano che il provvedimento serve a racimolare soldi per fare elemosine agli italiani poveri. Il macroscopico conflitto di interessi non è occultabile. Spiegazioni, per questo errore, ce ne sarebbero almeno due. La prima è che Piccolo Cesare ha da un bel pezzo passato la settantina e un modo di dire siciliano avverte che: «Passata la settantina, 'na minchiata ogni matina». Non sarebbe il caso di farsi revisionare dall'ex sindaco di Catania, il dottor Scapagnini, quello che sostiene d'averlo reso immortale? La seconda è che, forse, Piccolo Cesare riceve meno consigli dal suo fidato Letta, ormai troppo impegnato a mettere le pezze ai guasti da lui provocati, e quindi sempre più sta a sentire i consiglieri, tipo Cicchitto. Stavolta pare che l'infelice suggerimento gli sia venuto addirittura da Tremonti che, si sussurra in giro, sia il suo delfino *in pectore*. Vuoi vedere che ci troviamo nei pressi di quelle Idi di marzo cui aveva fatto cenno Fini?

(4 dicembre 2008)

L'insicurezza al governo nonostante le nuove leggi contro rom, romeni, extracomunitari

Conflitto a fuoco fra polizia e quattro rapinatori vicino a Frosinone, ammazzato uno del commando; gioielliere rapinato di duecento euro tenta di colpire un aggressore, quello gli spara e l'ammazza; in due danno l'assalto alle Poste per un bottino da mille euro: un carabiniere ne uccide uno; un giorno sì e l'altro pure qualche ubriaco alla guida tira sotto qualcuno. Stendiamo un velo sullo stillicidio quotidiano in Campania, dove la camorra, nonostante l'esercito, qualche settimana fa, gambizzava un gruppo di ragazzini. Con il centrodestra gli italiani sono più sicuri?

Uno dei punti vincenti della campagna elettorale del centrodestra è stato la martellante propaganda sulla sicurezza. Votateci, dicevano, e l'Italia diventerà oasi di pace e tranquillità, paese di fiaba. Siccome gli italiani credono alle fiabe, li hanno votati. Subito, Berlusconi e i suoi, partendo dal principio che il cattivo è sempre l'altro, hanno fatto leggi antirom, antiromeni e antiextracomunitari. La percentuale dei reati è rimasta tale e quale. La spiegazione c'è: questi delitti non ci sono mai stati. Non sono che una macchinazione dei comunisti, e dei giornali e tv che controllano, per screditare la trionfante azione di questo governo. Con infinita ignobiltà, questi giornalisti raccolgono fatti di cronaca nera accaduti in paesi lontani e li spacciano per avvenuti nel nostro paese. Fanno, insomma, l'inverso di quello che si faceva ai tempi del Duce, quando gli assassini, gli adulteri, le rapine accadevano sempre «a Budapest». Ho appreso da fonte autorevole che malviventi extracomunitari, sovvenzionati dai comunisti, studiano la nostra lingua perché le vittime di una rapina possano testimoniare che si trattava di italiani. Io, a notte tarda, continuo a portare a passeggio il cane, anche se mi faccio accompagnare, ma solo per appoggiarmi al suo braccio, da un mio amico siciliano, un ex stalliere.

(5 dicembre 2008)

Come siamo combinati?
Che giorni ci aspettano?

Ha sentito l'ultima di Sacconi? «*C'è qualcosa di molto peggio della recessione: si chiama bancarotta di Stato, un'ipotesi attualmente improbabile, ma che non è impossibile. Non possiamo permetterci il rischio che vada deserta un'asta dei titoli di Stato: non ci sarebbe infatti liquidità per pagare pensioni e stipendi, sarebbe come l'Argentina.*»
Per Scajola, grazie al risparmio energetico, nelle tasche degli italiani entreranno tremila euro. Tremonti: «*Ci vuole prudenza. Non possiamo fare i fenomeni*». *È il proverbiale tridente d'attacco berlusconiano: il primo tira la palla a destra, il secondo a sinistra e il terzo per aria.*

Quando Piccolo Cesare si indigna con giornali e televisioni perché inducono al pessimismo, mi viene in mente la celeberrima sequenza di Charlot che, senza accorgersene, danza sui pattini, a pochi centimetri dal baratro. «Siate ottimisti» esorta, ma lui può permetterselo con quella vagonata di miliardi di euro che ha, e con la prospettiva degli altri miliardi di euro che ancora guadagnerà. Sarà anche vero che i soldi non danno tutta la felicità, ma è indubbio che diano qualche aiutino.

Solo che la stragrande maggioranza degli italiani non ha i suoi forzieri ma, semmai, stipendi e pensioni da fame.

Chiediamoci, allora, dopo le parole preoccupate di Tremonti e Sacconi: come sono combinati, in realtà, gli italiani? Che giorni ci aspettano? In questo duro inverno, dobbiamo comportarci come la cicala o la formica?

Temo, però, che sia troppo tardi anche per le formiche risparmiatrici.

(6 dicembre 2008)

A scuola di antimafia
anche i deputati del centrosinistra

Lei oggi ha fatto la spesa per il nostro ristorante al mercato che sta «alla sinistra di casa sua». La capisco: i giornali riscoprono la questione morale perché, anche se a macchia di leopardo, non risparmia più neanche l'opposizione. Troppe città e regioni hanno ormai un trait d'union: comitati d'affari, di intrallazzi, che segnalano una pericolosa caduta di quella che un tempo si chiamava la «diversità» della sinistra. Si sa: gli editorialisti, eticamente di palato grossolano se c'entra la destra, si rivelano autentici gourmet se ci incappa la sinistra. Ma questa non è un'attenuante.

Adesso che persino un lupo come Tremonti, provvisoriamente travestito da nonna di Cappuccetto Rosso, parla della necessità di una «finanza etica», capita che un ex direttore di questo giornale definisca come «disgraziatissima» la teoria della diversità enunciata da Berlinguer e lo faccia oggi su un quotidiano di proprietà di Piccolo Cesare. Molti sono stati negli ultimi tempi i segnali di insofferenza verso la tesi berlingueriana che, in sostanza, era solo un richiamo a quel rigore morale che un tempo era stata una delle caratteristiche primarie dei comunisti. Una volta i capimafia definivano i comunisti «persone con le quali non si poteva ragionare», nel senso che con loro non era possibile fare accordi. Poi qualcuno accettò di ragionare non solo con la mafia, e in questi giorni assistiamo all'ingigantirsi di una frana, tanto che la senatrice Finocchiaro ha dichiarato che non si può continuare «a far finta di niente». Sarebbe anche opportuno che i deputati di centrosinistra andassero a scuola di comportamento. Ci sono errori di comportamento che non sono certo penalmente punibili, ma che producono un gigantesco guasto di immagine. Forza, dunque, cercate di ripulire il mercato dalle merci avariate, altrimenti i clienti andranno a rifornirsi altrove.

(7 dicembre 2008)

I fondi alla scuola privata non si toccano

Quando Cei chiama, picciotto risponde; il governo di Piccolo Cesare, intendo. I fondi alla scuola privata non si toccano. Altro che tagli. Una dichiarazione della Cei alla notizia che in finanziaria era previsto il taglio di centoventi milioni di euro alle scuole paritarie – «da questo governo non ci aspettavamo tagli, ma incrementi» – ed ecco che Giuseppe Vegas, sottosegretario al Tesoro, corre ai ripari: «I vescovi possono dormire su quattro cuscini: i fondi verranno quasi totalmente ripristinati». Governo cuor di leone con barboni, rom, migranti, pensionati e poveri. Ma con Oltretevere non si scherza.

Recare danno alle finanze d'Oltretevere è azzardato quanto toccare i fili dell'alta tensione. Si rischia di morire fulminati o impiccati sotto un ponte londinese. E Tremonti si è affrettato a eliminare il taglio. Peccato, perché questa volta il gioco sarebbe valso la candela: monsignor Stenco, direttore Cei per l'Educazione, aveva minacciato la discesa in piazza se la sua richiesta non fosse stata accolta. Ve l'immaginate un corteo di studenti delle paritarie capeggiato da vescovi con cartelli e striscioni che urlano slogan in latino contro il governo? Non le vedete le forze dell'ordine che ripongono i manganelli e si inginocchiano devotamente? Capace che ci scappava anche uno scontro con l'Onda, come capitò a piazza Navona. No, uno spettacolo così non andava perduto, avremmo potuto rimpinzare le nostre finanze con i turisti accorsi da tutto il mondo. Ma c'è qualche speranza: Tremonti ha solo passato il cerino alla Gelmini. Che farà di questi centoventi milioni la nostra ministra? Li darà tutti alle paritarie, mentre la scuola pubblica cade a pezzi? Credo che questo governo non avrà il coraggio di De Gasperi, che per avere difeso la laicità dello Stato si trovò per sempre sbarrata la porta del Vaticano.

(9 dicembre 2008)

In Usa via le armi, in Italia via i cani. C'è chi non se li può permettere

Una notizia da New York fa capire come stanno le cose meglio di cento discorsi. A Campton, a sud di Los Angeles, la polizia dal 2005 offre cento dollari a chi consegna una delle sue tante armi. È un buono che può essere speso in alimentari o articoli di elettronica. Se qualcuno restituisce un fucile, il compenso raddoppia. Accertato che le armi non sono state usate in maniera criminale, vengono distrutte. Quest'anno ne sono state restituite 965, bombe a mano incluse. Nel 2007, 387. Spiega lo sceriffo Byron Woods: «In questi giorni le persone non hanno soldi per mangiare». E nessuno chiede più articoli di elettronica.

Che sia aumentato quasi del triplo il numero di chi consegna allo sceriffo le armi perché siano distrutte è una bella notizia. Che i cittadini le consegnino perché con il compenso possano sfamarsi è una cattiva notizia. Come dice lei, caro Lodato, è da piccoli segni come questo che si misura l'attuale stato del mondo. Anche da noi accadono cose simili. Mi è capitato di leggere su «La Stampa» un articolo sugli studi veterinari di Torino, sempre più vuoti perché le cure e i medicinali sono costosi. C'è di peggio. Sono diventati frequenti i casi di padroni di cani che portano i loro animali negli studi per farli sopprimere, anche se in ottima salute. Si giustificano asserendo che purtroppo non sono più in grado di mantenerli. Si trovano davanti a una drammatica scelta: la loro sopravvivenza o quella dell'animale al quale sono affezionati come a una persona amica. Lasciano il cane, pagano, e se ne vanno piangendo. Qualche veterinario confessa che, invece di ucciderli, i cani li affida a persone di buona volontà. Resta il fatto che l'impoverimento comporta per molti l'ulteriore privazione, l'ulteriore impoverimento, di quell'affetto, di quel conforto che gli animali di casa così spesso sanno darci.

(10 dicembre 2008)

Dal 1875
il Parlamento studia il fenomeno mafioso.
Tutto si sa, nulla si fa

Si è insediata la nona Commissione parlamentare di inchiesta sul fenomeno mafioso, presieduta da Pisanu, al quale il nostro piccolo ristorante fa tanti auguri di buon lavoro. La prima Commissione fu istituita nel 1963, all'epoca della strage di Ciaculli. Quasi mezzo secolo fa. Che lei sappia, in altri paesi europei, esistono analoghe commissioni che «indagano» e «studiano» un fenomeno da tempo così immemorabile? C'è ancora molto da studiare? O si studia per evitare di affrontare il nodo mafia-politica che rende immortali le mafie di ogni risma?

Lo studio della mafia è un'antica e mai sopita passione del Parlamento italiano, alla stregua, che so, dell'egittologia o della civiltà maya. Già nel 1875 venne istituita una Commissione per lo studio delle condizioni sociali ed economiche in Sicilia. Pudicamente, non si faceva mai il nome della mafia. Questo pudore insospettì due membri dell'opposizione, Franchetti e Sonnino, che si recarono in Sicilia per fare una loro controinchiesta. Quella governativa, i cui atti sono stati parzialmente pubblicati in due grossi volumi, risulta solo un notevole contributo allo studio del folklore. Invece il documento conclusivo dei due dell'opposizione conteneva notevoli proposte innovative per la lotta contro la mafia. Naturalmente non fu preso in considerazione. Nel 1963 fu approvata una seconda Commissione d'inchiesta, i cui atti, in sintesi, sono stati stampati in tre grossi tomi. Leggendo le 4344 pagine di queste due commissioni, ho scoperto che moltissime domande e risposte del 1875 e del 1963 erano intercambiabili, in quanto sostanzialmente immutate. Insomma, nei quasi cento anni fra le due inchieste, in Sicilia non è accaduto nulla di nuovo, il tempo si è fermato. Che vuole che le dica? Mi associo agli auguri alla nuova commissione di studiosi.

(11 dicembre 2008)

Ritorno alla censura.
Il taglio del bacio di *Brokeback Mountain*

Piccoli censori crescono: una manina pruriginosa ha fatto scomparire un bacio gay nel film I segreti di Brokeback Mountain *di Ang Lee, Leone d'oro a Venezia, tre Oscar, quattro Golden Globe, mandato in onda in seconda serata da Rai Due. I responsabili si appellano al quinto emendamento: il solito scaricabarile collettivo. Tempi duri per i gay. La sorte giudiziaria di* Ultimo tango a Parigi *di Bertolucci – e non c'entravano i gay – ci ridicolizzò in tutto il mondo. Lei ha lavorato in Rai per trent'anni: chissà quante gliene saranno capitate.*

Ma che bello! Stiamo tornando alla censura democristiana! In Rai sostengono che non si è trattato di un taglio ma di un disguido che cade a taglio – mi si perdoni il gioco di parole –, date le recenti posizioni antigay del Vaticano. Ai miei tempi imperversavano il ministro Gonella e un prelato, che telefonavano quotidianamente per protestare contro le trasmissioni le più innocue. Non tutti ricordano che un conduttore tg, per dare notizia dell'abolizione delle case chiuse, parlò tre minuti senza che nessuno riuscisse a capire cosa era stato chiuso. Escludere la parola «membro del governo». Togliere dalle commedie espressioni tipo: «Sei venuto». Eliminare la parola «amante» e sostituirla con «appassionato» o «cultore». Sostituire «perdio» con «perbacco».

Le racconto un episodio. C'era un varietà con Zizi Jeanmaire, la quale sopra la calzamaglia indossava un maglione che le arrivava a mezza coscia. La telefonata del solito prelato ingiunse di allungarlo di almeno un dito. L'ordine fu immediatamente eseguito. Ma la settimana seguente il prelato ritelefonò: «Allungarla ancora di almeno due dita». «Perché?» «Perché la ballerina alza le braccia, e quando lo fa tutti guardano lì.» Forse la Rai ritiene che da allora gli italiani non siano cresciuti.

(12 dicembre 2008)

Piccolo Cesare vuole cambiare la Costituzione. Non ci resta che la piazza

Piccolo Cesare sputa il rospo e si prepara a far carne di porco della Costituzione: «Cambio la Costituzione da solo. Il mio governo è il paradiso e con i marxisti-leninisti non tratto». La sua ossessione è nota: lobotomizzare la magistratura, unico potere dello Stato che teme davvero, sebbene si sia già fatto tagliare su misura il vestitino del lodo Alfano. L'Italia rischia di diventare un'enclave dell'Asia conficcata nel Sud dell'Europa. Sessant'anni fa ci sarebbe stata pur sempre la possibilità di «salire in montagna», oggi, ce lo dica, dove si va?

La nostra Costituzione è il risultato dell'illuminato lavoro di un'Assemblea costituente della quale fecero parte le migliori menti politiche di allora e i più ferrati costituzionalisti. Tanto per fare un esempio, i padri fondatori dibatterono a lungo sull'articolo 1, prima di costruire la frase definitiva: «La sovranità appartiene al popolo». Discussero tra «emana», «spetta», «risiede» e scelsero «appartiene» non per il gusto di fare accademia, ma perché ogni verbo avrebbe avuto valenze politiche diverse. Ora Piccolo Cesare minaccia di rimettere mano alla Costituzione da solo. O peggio, aiutato da costituzionalisti come Alfano, Gasparri o Calderoli, specialista in porcate. Già vedo la prima modifica: «L'Italia è una Repubblica guidata a vita da un capo supremo chiamato

Alto Conduttore. La sovranità appartiene al Popolo delle Libertà che la esercita dentro i limiti di volta in volta stabiliti dall'Alto Conduttore». Mi chiede che fare? Un padre della Chiesa sostiene che non ci si può opporre con le armi a un tiranno, se quel tiranno l'ha voluto il popolo per la sua ignavia. Credo che l'unica risposta sia la piazza, che qualche risultato l'ottiene. Veda quello che avviene alla legge Gelmini dopo le proteste dell'Onda. È sempre meglio di niente.

(13 dicembre 2008)

Piccolo Cesare di manica larga con gli evasori

Che fine ha fatto la lotta all'evasione fiscale? Non conosco la sua opinione su Prodi e Padoa Schioppa, però, nei pochi mesi di vita di quel governo, il tema fu affrontato, discusso, sviscerato. Ogni giorno i tg davano notizia che la Guardia di finanza procedeva di scoperta in scoperta: bastava sollevare il sasso per trovarci sotto gli evasori. Piccolo Cesare, sull'argomento, non ha mai aperto bocca. Furbo di tre cotte!

Siamo sinceri: Padoa Schioppa esagerò quando disse agli italiani che pagare le tasse era una felicità. Ma Piccolo Cesare, che abitualmente si autosmentisce, sulle tasse è sempre stato di una coerenza ferrea. Vi ricordate quando, anche allora presidente del Consiglio, dichiarò, davanti agli alti gradi della Guardia di finanza, che le tasse se sono esose non debbono essere pagate? Ora questo è il problema: che le tasse, in Italia, sono sempre esose. E anche il più onesto dei cittadini le paga a denti stretti. C'è un antico modo di dire siciliano che recita: «Morire e tasse, chiù tardu che si pò». Quindi è naturale che Piccolo Cesare verso gli evasori sia di manica larga. Anzi, colgo l'occasione per permettermi un consiglio: perché non depenalizza il reato di evasione fiscale, come ha già fatto per il falso in bilancio? Allora sì che la sua popolarità salirebbe alle stelle e nessuno potrebbe più smuoverlo dalla poltrona, più saldo in sella di Villari. D'altra parte, caro Lodato, è inutile chiudere le frontiere. I grandi evasori posseggono barche e aerei, conti in paradisi fiscali, proprietà in isole assai remote. Loro vanno e vengono, come e quando vogliono. Per loro «Cristo creò le case e li palazzi / P' er prencipe, er marchese e 'r cavajjere, / E la terra pe nnoi facce de...». E se vuole sapere di che facce si tratta, si vada a rileggere il verso in un sonetto di Giuseppe Gioacchino Belli.

(14 dicembre 2008)

Gli onorevoli pianisti negano le loro impronte, ma vogliono prenderle ai bimbi rom

Certi ministri ricordano quegli ubriachi alla guida di cui sono piene le cronache, i quali, perdendo il controllo della loro macchina-ministero, travolgono intere categorie di poveri e ignari passanti. Prenda Brunetta. Prima si scagliò contro i fannulloni nella pubblica amministrazione. Poi ipotizzò i tornelli nei tribunali, per marcare entrate e uscite dei magistrati, come fossero addetti al Supermercato Giustizia. Ora, le donne dovrebbero andare in pensione a sessantacinque anni. E se il nostro piccolo ristorante iniziasse a raccogliere firme per istituire la prova del palloncino per certi politici?

Non credo che la prova del palloncino sia sufficiente, perché la sbronza prima o poi passa, mentre qui ci troviamo di fronte a qualcosa di simile a una dissennatezza permanente. Una volta Piccolo Cesare propose una visita psichiatrica per tutti coloro che intraprendevano la carriera di magistrato. Ecco, un esame così andrebbe fatto a tutti i membri di questo governo e anche ai parlamentari che lo sostengono. Ma non penso che la cosa potrebbe andare in porto. Questi politici sempre più si considerano intoccabili. Il loro motto è: «Io pozzu fari e disfari e cuntu non aiu da dari». Guardi, caro Lodato, la faccenda dei pianisti alla Camera. È poco onorevole che un onorevole prema il pulsante per un collega assente, è come se un impiegato timbrasse il cartellino per un compagno di lavoro rimasto a casa. Una specie di truffa. E rischiano il licenziamento tutti e due, l'assente e il presente. Per far terminare questo sconcio alla Camera qualcuno ha pensato a un sistema di verifica con le impronte digitali. I leghisti sono subito insorti, offesi e sdegnati. Loro le impronte digitali vorrebbero prenderle ai bambini rom, in attesa che il provvedimento sia esteso a tutti gli italiani: da Napoli in giù.

(16 dicembre 2008)

Bush ha finito il mandato ma non se ne va.
E qualcuno gli tira le scarpe

A Bush un giornalista iracheno tira le scarpe. Bush aveva detto: «La guerra continua». Non si rassegna all'idea di abbandonare la ribalta. Poi ha rifiutato di concedere anticipatamente a Obama l'appartamento del presidente perché le figlie iniziassero l'anno scolastico: cafonal style.

Questa faccenda ha il sapore di un litigio fra condomini, di una lite contro il vicino dispettoso. La Blair House è una dépendance della Casa Bianca, composta da più palazzine dove alloggiano gli ospiti del presidente. «Voltala come vuoi, sempri è cucuzza» si dice dalle mie parti. La sostanza rimane quella: un dispetto, uno sgarbo. Che spiegazione si può dare per un simile atteggiamento? Mi sorge un sospetto: che sotto la Blair House ci sia del petrolio? Perché il presidente Bush ha dimostrato al mondo la sua predilezione per i giacimenti petroliferi. Appena gliene segnalano uno, in Afghanistan o in Iraq, lui corre a impadronirsene. Forse, sfruttando sino all'ultimo il giacimento di Blair House, si consola di non avere fatto in tempo ad agguantare quello iraniano.

(17 dicembre 2008)

La pena di Eluana
e la ferocia del ministro Sacconi

Ma che ferocia è contenuta nel cosiddetto «atto di indirizzo» del ministro Sacconi? Quanta ferocia c'è in questa decisione, spacciata per pietas cristiana, di imporre in tutte le strutture sanitarie pubbliche e private di disattendere la Cassazione che ha autorizzato l'interruzione del calvario di Eluana Englaro, la ragazza che da diciassette anni è in coma vegetativo? E questa ferocia viene da un ministro che in tv appare raziocinante, pensoso sulle sorti del paese. Povera Eluana, poveri familiari.

Lei oggi mi costringe a cucinare una pietanza così amara e maleodorante che nessun condimento, nessuna spezia, riuscirà a eliminarne il fetore. Il ministro Sacconi, con questo suo provvedimento, dimostra di essere un servitore di due padroni, come Arlecchino: uno è Berlusconi, l'altro risiede nell'Oltretevere. E come lui ce ne sono tanti, a cominciare da Tremonti che, al primo stormir di fronde vaticane, si è affrettato a ridare i centoventi milioni alle scuole cattoliche. Quindi non contano le azioni di questi ministri, bensì i padroni che quelle azioni loro comandano. Lei parla di ferocia, a proposito di Sacconi. Vede, negli ultimissimi tempi, la Chiesa sta facendo passi da gigante. Solo che li fa all'indietro. Perciò è più che naturale che in questo risalire il corso della sua storia, si imbatta in quella estrema manifestazione di ferocia che fu l'Inquisizione. E viene tentata di farcene giungere almeno un'eco. Il ministro Sacconi, che intanto riceve il plauso del Vaticano, sostiene che l'interruzione dell'alimentazione sarebbe un'«azione illegale». Ma non è avallata dalla Cassazione? Cosa dobbiamo dedurne? Che la Cassazione promuova «atti illegali»? O che ciò che dice la Cassazione diventa illegale nel momento in cui contraddice la volontà di un altro Stato? Ahi, serva Italia!

(18 dicembre 2008)

Le strane storie delle galere siciliane.
Dove c'è detenuto e detenuto

Da che mondo è mondo, e mi consta personalmente essendo finito vent'anni or sono nelle patrie galere con il collega Attilio Bolzoni, le prime cose che ti tolgono sono: orologio, cravatta, stringhe delle scarpe e cintura. È un trattamento che riguarda tutti i neodetenuti. Che a un mafioso del calibro di Gaetano Lo Presti, che aveva già scontato ventisette anni di reclusione, sia stata lasciata la cintura con la quale si è impiccato nel carcere dei Pagliarelli, è stupefacente. È questo il «carcere duro» per i mafiosi?

Dalla raccolta a cura di Antonino Uccello *Carcere e mafia nei canti popolari siciliani* traduco questi versi ottocenteschi: «Il carcere di Sciacca è conosciuto / entri con la parola ed esci muto. Da Sciacca a San Vito m'han portato / lì c'è l'inferno ancora più infuocato». Questo per dire della durezza delle carceri di una volta, dove ai mafiosi non venivano fatti sconti. Poi le carceri si sono ammorbidite. Per esempio, si è permesso ai detenuti la tazzulella di caffè mattutina, anche se a qualcuno, come il bandito Pisciotta, o il banchiere Sindona, depositari di troppi segreti, il caffè fu opportunamente condito col veleno. Come dice uno dei versi che ho citato, sono entrati con la parola e ne sono usciti per sempre muti. E ricordate le delegazioni di onorevoli a colloquio con Cutolo, gran capo camorrista ristretto in carcere, per ottenere la liberazione di Ciro Cirillo, alto esponente Dc? E che ve ne pare del bandito sardo Graziano Mesina, che dal carcere di Asti fu mandato in licenza a Orgosolo per far da mediatore coi rapitori del piccolo Kassam? E vi sovviene delle due celle comunicanti, tipo suite, destinate a Luciano Liggio, una delle quali trasformata in studio di pittore e in salotto dove riceveva gli amici? Di fronte a tutto questo, caro Lodato, cosa vuole che sia la dimenticanza di una cintura? Bazzecole, quisquilie, pinzillacchere avrebbe detto il grande Totò.

(19 dicembre 2008)

Le dimenticanze della Chiesa e le giravolte di Fini

Ammetterà che Fini è stato uomo di non poche giravolte: ricorda che voleva dare il voto agli immigrati, pur avendo dato, un anno prima, il suo nome alla Bossi-Fini? Ora pare che abbia fatto centro, lamentando l'ignavia (?) vaticana per le leggi razziali del '38. Magari bisognerebbe distinguere fra Pio XI, che protestò, e Pio XII, che si adeguò.

È indubbio che Fini abbia cominciato a maturare convincimenti ben lontani da quelli dei suoi esordi. Negli ultimi tempi ha fatto due dichiarazioni importanti. La prima è stata il riconoscimento della Resistenza come valore comune. Non è roba da poco. Infatti il ministro La Russa, in presenza del capo dello Stato, in una manifestazione ufficiale, ha tentato di parlare un altro linguaggio. La seconda è questa sulle leggi razziali – sull'argomento si era già espresso in precedenza durante la visita in Israele –, che ha scatenato l'ira, se non di Dio, di chi lo rappresenta in terra. «L'Osservatore Romano» l'ha tacciato di «meschino opportunismo politico». Resta il fatto che l'unica vera presa di posizione cattolica, all'epoca, fu quella di padre Agostino Gemelli, presidente della Pontificia accademia delle scienze, il quali plaudì entusiasticamente alle leggi razziali sostenendo che gli ebrei se le erano meritate in quanto popolo «deicida».

Non mi risulta che questa sua tesi sia stata mai smentita dalle alte gerarchie d'Oltretevere. Certo, ci fu l'opposizione di Pio XI, subito sopita. E in seguito, privatamente, molti preti e prelati aiutarono gli ebrei; ma la condanna ufficiale non venne mai. Un'enciclica, forse, avrebbe potuto cambiare il drammatico corso degli eventi. Non ci fu. Caro Lodato, come dice la canzone? La verità ti fa male lo so...

(20 dicembre 2008)

Questione morale: via le pulci e i pidocchi

Camilleri, quali regole nel Pd vista la buriana sulla questione morale? È scientificamente provato che non si dimette nessuno. Ognuno con ottime ragioni, giuste o sbagliate che siano. Tutti in nome della propria innocenza, sincera o bugiarda che sia. Nel vecchio Pci, trisavolo del Pd (Pci, Pds, Ds, Pd), l'alternativa era: o radiazione con possibilità di rientrare, o espulsione. Era il comunismo. Ma oggi come ci si tutela dal delinquente?

Quando Togliatti cacciò due eretici, Cucchi e Magnani, disse a «l'Unità» che nella criniera di un nobile cavallo da corsa si potevano annidare le pulci. Restando a questa sprezzante definizione, a essere precisi Togliatti parlò di «pidocchi»; si trattò, comunque sia, di pidocchi o pulci ideologiche. Oggi dalla criniera di quello che non è più un cavallo da corsa, ma un animale da bestiario medievale, con cento facce e corpo multiforme – da noi si dice: «mezzu scecco e mezzu liuni» – le pulci saltano fuori a centinaia. Una razza voracissima, che un tempo si trovava solo nel pelame di gatti e cani che frugavano nella spazzatura. Cosa fare? Alcuni decenni fa, Roma ne fu invasa. Teatri e cinema, tribunali e chiese, furono chiusi per consentire alle ditte specializzate una bonifica integrale. Con la mia famiglia ci trasferiremmo in casa d'amici per due notti. È necessaria un'immediata e rigorosa disinfestazione, senza lasciare il più piccolo angolo sporco, perché pidocchi o pulci che siano, si riproducono esponenzialmente. Altrimenti la fiorente criniera sarà come le vecchie pelli di nobili animali usate come scendiletto, ma così tarlata, mangiata dalle pulci, che non resta altro che buttarla via.

(21 dicembre 2008)

La gola profonda del Watergate e il lodo Alfano

A novantacinque anni, e dopo abbondante colazione, è morto Mark Felt, ex numero due dell'Fbi, meglio conosciuto come la «gola profonda» del Watergate: fu lui a provocare le dimissioni – nel 1974 – del presidente repubblicano Richard Nixon, per «spionaggio» a danno dei democratici. Felt fornì per due anni notizie riservate a Bob Woodward e Carl Bernstein, del «Washington Post», per quello che fu lo scoop del Ventesimo secolo. Agli americani, ingenui come al solito, non era venuto in testa di approvare il lodo Nixon.

Dopo il Watergate successero altri fatti che dimostrano, caro Lodato, come gli americani abbiano ancora leggi retrive, barbare. Pensi alla durissima condanna inflitta al capo della Enron o al più recente arresto del responsabile dell'equivalente della nostra Consob. Anche in Italia, patria del diritto, abbiamo vissuto un periodo d'oscurantismo medievale, culminato nelle atrocità di Mani pulite, dove avvennero episodi da Inquisizione. In galera manager, politici, amministratori pubblici, colpevoli solo di volere incrementare lo sviluppo economico del nostro paese. Poi, per fortuna, scese in campo Lui, il secondo uomo della provvidenza. Egli, miracolosamente, arrestò la pericolosa deriva giustizialista con una serie di leggi *ad personam* e con i lodo Schifani e Alfano, dimostrò la faziosità dei giudici italiani, condannò l'uso criminoso che veniva fatto dei grandi mezzi di comunicazione di massa. I due giornalisti che infamarono Nixon costringendolo alle dimissioni, oggi, nel nostro felice paese, non avrebbero spazio. Insomma, Lui restituì all'Italia quel primato nel diritto che aveva rischiato di perdere. E perciò vivamente consigliamo il presidente Obama di mandare qui per uno stage il suo ministro della Giustizia. Avrà molto da imparare dal collega Alfano.

(23 dicembre 2008)

Natale italiano:
anche a Giuseppe e Maria
avrebbero preso le impronte

Camilleri, un'indimenticabile canzone di Bovio, Lacrime napulitane *– cantata, fra gli altri, da Mina e Massimo Ranieri – dice: «Mia cara madre sta pe' trasì Natale, e a sta' luntano cchiù me sape amaro... come vurria sentì nu zampognaro!». Canto dell'emigrante, quando a emigrare erano gli italiani di tante generazioni. Oggi l'Italia è piena di africani, arabi, cinesi, filippini, cingalesi, pakistani, indiani, latinoamericani, con famiglie alle spalle, con spaventose storie di fame e guerra. Anche per loro «sta pe' trasì Natale».*

Il primo stato italiano a entrare in possesso di un battello a vapore transatlantico fu il Regno di Napoli. La nave partiva da Palermo per New York zeppa d'emigranti. La partenza da Palermo fu decisa perché l'emigrazione, allora agli inizi, era più forte dalla Calabria e dalla Sicilia. Dopo l'Unità non ci fu regione esente dal fenomeno migratorio. Per dire come la storia della nostra emigrazione proceda parallela alla formazione dell'Italia, ne diventa parte integrante. Ci fu anche una santa degli emigranti, suor Francesca Saverio Cabrini. All'indomani del Secondo conflitto mondiale, il flusso si intensificò soprattutto in direzione continentale. Delle braccia dei nostri emigranti, alcuni governi si servirono come merce di scambio: uomini contro carbone. Chi ricorda il disastro di Marcinelle, in Belgio, nel quale morirono 262 minatori italiani? Chi ricorda le condizioni di vita dei nostri emigranti negli Usa? Memoria corta: dimentichiamo facilmente ciò che siamo stati. Consideriamo gli extracomunitari come un pericolo e facciamo leggi obbrobriose per respingerli. Se Giuseppe e Maria si fossero imbarcati con altra povera gente per venire in Italia, Gesù avrebbe avuto pochissime probabilità di nascere, e ai suoi genitori sarebbero state prese le impronte digitali.

(24 dicembre 2008)

Tettamanzi e il fondo per i poveri: ecco la Chiesa che amiamo, grazie

Durante la notte di Natale, a Milano, il cardinale Dionigi Tettamanzi ha annunciato la creazione di un fondo famiglia per chi è disoccupato. Lo stanziamento è di un milione di euro. La diocesi attingerà dall'otto per mille, dalle offerte, da scelte – ha precisato il cardinale – «di sobrietà della diocesi e mie personali». Se non si riducono i costi della politica, si riducono quelli della religione. La Chiesa degli atti concreti batte, almeno per due a zero, la Chiesa che pontifica.

Certe iniziative di Tettamanzi non hanno incontrato il favore di una delle parti politiche al governo. A Milano ci sono state proteste pubbliche contro il cardinale. Avanti di questo passo e sarà tacciato di comunismo. Fra l'altro sembra che una parte del milione di euro, per i più poveri senza distinzione (orrore!) di colore della pelle, provenga dalle tasche del cardinale che certamente non è iscritto alla Confindustria. Una vera provocazione! Nemmeno i centri sociali erano arrivati a tanto. Che intende suggerire, subdolamente, il cardinale? Che anche Piccolo Cesare segua l'esempio e si spogli, lui sì, di qualche miliardo per darlo ai più poveri? No, Lui l'elemosina preferisce farla con le nostre tasche. Comunque, ancora una volta, certi pastori, in occasione delle grosse crisi, sanno mostrare il vero volto della Chiesa. Nel '43, quando la guerra si fece più crudele, il vescovo di Agrigento mandò a casa i seminaristi e trasformò in ospedale il seminario. Poi vendette tutto quello che aveva e istituì mense popolari. Nel dopoguerra difese i contadini che occupavano le terre. Gli agrari lo fecero sparare. Gravemente ferito, si ristabilì, ma volle restare al suo posto. Questa è la Chiesa che amiamo. Grazie cardinale Tettamanzi.

(27 dicembre 2008)

Per qualche etto di cacio in più.
Ma lui pensa alle intercettazioni

Gli italiani che mascalzoni! Ma come? Berlusconi non aveva detto altro: «Consumate, consumate, qualcosa resterà». E loro? Fanno crollare i consumi natalizi del 20 per cento! Si può governare un paese così? Ricorda cosa diceva De Gaulle dei francesi? Che era difficile governare un paese con più di seicento tipi di formaggi. Forse c'è impresa ancor più titanica: governare un paese dove la gente non può più permettersi il formaggio.

Seguendo gli incitamenti di Piccolo Cesare, con quei quaranta euro di elemosina, i consumi natalizi sarebbero dovuti salire alle stelle. Invece sono andati giù. Significa che quei quaranta euro gli italiani se li sono messi sotto il mattone, assieme agli altri cospicui risparmi. Ci penserà Tremonti a far pagare loro caro questo basso tradimento all'economia. Lei, caro Lodato, dice che gli italiani non hanno più i soldi per comprarsi il formaggio. Una volta i poverissimi braccianti siciliani si nutrivano «di pane e tumazzo». Cioè pane e cacio. Ma se non avevano i soldi per il tumazzo si mettevano in società in quattro e compravano un uovo sodo o una sarda. Venuta, diciamo così, la pausa pranzo, si sedevano in circolo, ognuno tagliava una grossa fetta del proprio pane, si infilava l'uovo societario in bocca, lo ritirava fuori intero e lo passava all'altro. Pane e sapore d'uovo. La sarda, invece, veniva legata in cima a una canna e le si dava una leccatina. Solo alla fine, con l'ultima fetta di pane, l'uovo poteva essere intaccato con i denti. Pensa che questi accorgimenti possano tornare utili? Comunque gli italiani esultino: nell'agenda di Piccolo Cesare le prossime riforme riguardano giustizia e intercettazioni. Lui affronta i grandi problemi personali, non si occupa di qualche etto di cacio in più.

(28 dicembre 2008)

Sbarchi a Lampedusa: scatta lo stato di calamità mentale

All'indomani di Natale, a Lampedusa, ne sono sbarcati 1500 in un colpo solo. Vacanze rovinate per Maroni, per Frattini, per il sindaco Maraventano. Il primo è intervenuto sul secondo per chiedergli di intervenire su Gheddafi e, per rendere noto il suo intervento, è intervenuto su Berlusconi. La Maraventano, a sua volta, è intervenuta per chiedere «lo stato di calamità per le Pelagie». Roba forte. Potenza degli extracomunitari: a migliaia intervenivano con Prodi, a migliaia intervengono con Berlusconi. Gli hanno preso le impronte, li hanno legati al guinzaglio. Ma loro niente: intervengono imperterriti!

Pare che Frattini sia intervenuto sull'ambasciatore libico in Italia che è intervenuto su Gheddafi il quale ha detto che interverrà a gennaio collaborando agli interventi di pattugliamento con la Marina italiana. Non penso che sul colonnello si possa intervenire oltre, primo perché pare che Piccolo Cesare sia largamente in ritardo sugli interventi promessi ai libici, secondo perché il colonnello è intervenuto con qualche soldino nella traballante economia italiana. Se questa non fosse una tragedia, ci sarebbe da ridere sull'intervento del sindaco di Lampedusa, che ha chiesto allo Stato lo stato di calamità naturale. In che potrebbe consistere l'intervento del capo della Protezione civile Guido Bertolaso? Nell'intervento dei Canadair per cospargere Lampedusa di insetticidi, come per un'invasione di cavallette? O in un drastico intervento che contempli l'evacuazione dei lampedusani verso la più sicura terra di Padania? E se di fronte alla scelta fra siciliani ed extracomunitari i padani intervenissero a favore di questi ultimi? In conclusione, credo che di fronte a certi interventi sia necessario l'intervento di qualche bravo psichiatra: è di stato di calamità mentale che si tratta!

(30 dicembre 2008)

Fine anno.
Le ricette piccanti di chi non ci sta

Fine del 2008. Possiamo dire di avere vinto una scommessa: il nostro ristorante è rimasto aperto e sta avendo un piccolo successo, fatta eccezione per qualche mattacchione de «Il Giornale» che non solo considera indigeste le nostre pietanze, ma ancor più indigesta gli risulta la figura dello chef. Quanto era bravo lei, Camilleri, quando scriveva in lingua di Vigàta, senza entrare nell'agone politico. Si è pentito d'essersi fatto prendere dal demone dell'italiano che non ci sta?

È risaputo che la cucina di un ristorante non può essere gradita a tutti. Questo l'avevamo messo in conto, caro Lodato. Quelli che non apprezzano le nostre portate mi fanno tornare in mente una feroce vignetta ottocentesca di Paul Gavarni: in un ristorante di gran lusso, un signore elegantissimo urla sdegnato al cameriere d'aver trovato un capello nel piatto che gli impedisce di gustare la sua pietanza preferita. Il suo piatto contiene cacca fumante, chiarissimamente disegnata. Altri sostengono che il nostro ristorante è infrequentabile perché lo chef, a causa dell'età avanzata, sbaglia i dosaggi dei condimenti rendendo troppo piccanti le pietanze. Anche se sono di bocca facile, pronti a ingoiare tutto, il loro palato si infiamma e li spinge alla protesta. Altri ricordano un tempo nel quale lo stesso chef mandava in tavola portate di cucina regionale gradite a tutti. Quelle portate, però, avevano un retrogusto amaro che ne costituiva la specialità. Solo pochi lo sentivano e lo apprezzavano, tutti gli altri facevano finta di non accorgersene. Con l'età, e visti i tempi che corrono, lo chef aprendo questo nuovo ristorante ha semplicemente deciso di non far più niente per accattivarsi la clientela. Cucina a modo suo, e chi non gradisce è liberissimo di accomodarsi altrove.

(31 dicembre 2008)

Gennaio

Piccolo Cesare proclama Bush uno tra i più grandi presidenti americani

Ha sentito Bush: «Il mio più grande rimpianto è il fallimento dell'intelligence sull'Iraq. Molti si sono giocati la reputazione dicendo che le armi di distruzione di massa erano un valido motivo per rimuovere Saddam»? Oltre quattromila soldati Usa sono già morti, quaranta, cinquantamila – ma la cifra esatta non viene rivelata – i feriti, e molti di loro mutilati, centinaia di migliaia le vittime irachene. E ai nostri sfegatati tifosi della guerra in casa altrui non scappa neanche una lacrimuccia?

Bush prima aveva affermato di aver commesso l'errore di dichiarare finita la guerra mentre stava per cominciare. Ora afferma di avere sbagliato, credendo ai dati falsi dei servizi segreti sulle armi di Saddam, capo di uno «Stato canaglia». Già: la sua era una «guerra santa», ispirata da Dio, in nome del Bene contro il Male. Ma i servizi Usa erano agli ordini di Satana? Ragazzi, in che mani siamo stati! Ricordate i giorni di terrore che questo signore, che oggi si finge credulone, fece passare agli americani e al mondo? Ricordate l'incubo antrace? Se uno, senza accorgersene, lasciava cadere un pizzico di bicarbonato, venivano sgombrati grattacieli da cento piani. Non passava giorno che non fossero arrestati innocui arabi scambiati per terroristi; accadde anche in Italia. Molti i diritti civili abrogati, e il paese simbolo della libertà diventò il paese della libertà condizionata. Da ridere a crepapelle, se non fosse stata un'immane tragedia, un'indelebile vergogna. La tragedia non solo dei quattromila americani caduti, ma direi, soprattutto, delle centinaia di migliaia di vittime irachene. Vergogna per la degradazione dell'essere umano con la tortura, praticata ad Abu Ghraib, a Guantánamo, altrove. Piccolo Cesare ha proclamato Bush uno dei più grandi presidenti Usa, altro che lacrimucce.

(2 gennaio 2009)

L'infinita emergenza umanitaria

Ci dà una definizione di emergenza umanitaria? Quando diventa tale? In base a quali criteri la si valuta? Numerico-statistici, o, appunto, umanitari? Le dieci piaghe d'Egitto, descritte nell'Esodo, rappresentarono la prima emergenza umanitaria della storia: l'invasione di cavallette, rane, zanzare e moscini; grandine e tenebre, o moria degli armenti; analogamente all'ulcera sugli uomini o alla morte dei primogeniti; per non parlare dell'acqua che si tramutò in sangue. Tutto ciò che sta al di sotto del terribile limite biblico, non lo si può definire emergenza umanitaria? È così?

Credo che da tempo ci troviamo ben oltre il limite di quella soglia biblica che lei ricorda e che pareva il livello massimo raggiungibile dall'orrore. Sono dell'opinione che a farci perdere, nel decennio 1935-45, secoli di civiltà faticosamente conquistata, siano stati due episodi della nostra storia. Mi riferisco all'Olocausto e al lancio dell'atomica su Hiroshima. Badi bene che non faccio il conteggio dei morti, che pure avrebbe un significato, ma mi riferisco al fatto che da allora, anche se ne provammo orrore e sdegno, fummo tutti predisposti all'accettazione della ragione del più forte. Per una motivazione spaventosa che permette al perseguitato di ieri di diventare il carnefice di oggi, più spietato dei suoi stessi carnefici di un tempo. Da allora l'emergenza umanitaria è diventata quotidiana, basti pensare ai massacri del Vietnam, della Cambogia, dell'Iraq, del Darfur, della Palestina, in Africa, per rendersi conto di come la forza della ragione sia diventata rapidamente la ragione della forza. E poiché tutti siamo in questa logica disumana, credo che l'emergenza finirà con lo scomparire. E di questo passo non ci sarà più nessuno in grado di intendere il significato dell'aggettivo «umanitario».

(4 gennaio 2009)

Un esempio di parole autentiche?
Quelle di Napolitano il 31 dicembre

*In una bella antologia di articoli di Montanelli (*La mia eredità sono io, *Bur 2008), trovo ciò che il giornalista scrisse per l'arresto di Mussolini, il 25 luglio 1943: «Le opinioni stanno uscendo di sottoterra, sono un poco abbagliate dal gran sole dopo tanti anni di buio, sono timide e incerte, si esprimono per linguaggi convenzionali, sanno di chiuso. Ma ci sono. Ma vivono. Ma i loro polmoni si espandono. La gente parla. È... una caldaia che si decomprime, in quest'Italia che stava morendo di silenzio o di false parole che sono peggio del silenzio». Il Ventennio era al capolinea. Per carità: il nostro, che non è... un regime, non durerà vent'anni. Ma in Italia, oggi, le opinioni hanno la tosse.*

La differenza fra ciò che accadde allora e quello che accade oggi è abissale, caro Lodato. Mussolini fu arrestato dopo un ventennio di potere assoluto, mentre, finora, non c'è stato nessuno arresto, e la cosa è più improbabile dopo che per tre legislature non si è fatto altro che produrre leggi per evitarlo. L'arresto di chi?, mi domanderà. Faccia un po' lei, le rispondo io. Sono dell'idea che sarà difficile, passata la nottata, far rispuntare opinioni senza la tosse, come dice lei. Gli italiani sono diventati marinai, alla Angelo Musco. Un giorno il grande comico siciliano fu convocato da Mussolini e si presentò senza la camicia nera. Mussolini: «Voi siete fascista?». E Musco: «Io marinaro sono». «Che vuol dire?» «Che oriento sempre la vela in direzione del vento favorevole.» Le false parole hanno preso il sopravvento su quelle autentiche, come la moneta cattiva scaccia quella buona. Ci vorrà molto per ritrovare parole di verità e usare solo quelle. Vuole un esempio di parole autentiche? Quelle del presidente Napolitano nel suo saluto di fine anno agli italiani.

(6 gennaio 2009)

Le vittime della burocrazia.
I «burosauri» resistono a tutto

C'è un signore, cui le Br uccisero il padre, che si è rovinato la vita a fare decine di ricorsi: gli chiedevano un risarcimento milionario a favore dei familiari delle vittime Br; c'è il paziente al quale perdono il rene; l'inquilino con obbligo di mantenimento dei venti cani che l'inquilino precedente ha lasciato a casa sua; l'impiegato che firmò una raccomandata, poi la ditta fallì, e a lui fu chiesta una multa milionaria spettante alla ditta. È Assurdo Italia *(Baldini Castoldi Dalai 2008), il libro in cui Andrea Vianello raccoglie i casi di* Mi manda Raitre. *Quante vittime miete, nel nostro paese, la burocrazia?*

Di che si meraviglia? Potrei farle una lista interminabile delle efferatezze burocratiche di cui conosco le vittime. Un mio parente fu condannato per mafia cinque anni prima che nascesse. Ci vollero due anni per chiarire l'equivoco e perdette fra l'altro la possibilità di accedere a un concorso che l'avrebbe sistemato definitivamente. A un altro mio amico, che ritirava la pensione, fu intimato di esibire il certificato di esistenza in vita. Invano mostrò carta di identità e passaporto, invano il figlio, che lo accompagnava, testimoniò per lui. Non ci fu verso. Che Guevara, nominato ministro a Cuba, mosse guerra alla burocrazia.

Va da sé che vinsero «i burosauri», come li chiamava un commediografo, Silvano Ambrogi. Il Che scrisse un saggio nel quale sostenne che la cosiddetta «pratica», una volta istruita, vive un'indistruttibile vita propria, al di fuori del cittadino che ne è l'oggetto e del burocrate che la segue. Augusto Frassineti raccontò di un direttore generale di un ministero che, morto d'infarto alle 9 del mattino sul posto di lavoro, continuò a firmare carte sino alla pausa pranzo. Lei non ci crede, vero? Io sì, la burocrazia è capace di questo e altro.

(7 gennaio 2009)

Meglio le vignette di un articolo di fondo

Diamo la parola ai vignettisti. Ellekappa: «Il premier annuncia che stampa e opposizione devono andare a casa. Glielo impone l'Europa?». Massimo Bucchi: «Penso che mi servirà una cassaforte per il pane». Giannelli: «Il governo paradiso: ANGIOLINO! BASTA CON QUESTA GIUSTIZIA DI PIETRO. E QUELLI DEL PD MANDALI TUTTI ALL'INFERNO!». Ellekappa: «La riforma della giustizia è già bipartisan. Programma di Gelli, spot di Berlusconi». Bucchi: «L'importante è dire alla gente semplice cose semplici. Così resta semplice». A me sembrano editoriali di lusso.

La prima cosa che guardo nei quotidiani sono le vignette. Sono un condensato di pensiero, con una forza di impatto e un'essenzialità che me le fanno di gran lunga preferire alla satira in tv. Alcune vignette sono rimaste nella storia politica. Ne ricordo una di tanti anni fa, sul «Candido», che ancora mi fa ridere. Guareschi ne produceva una a settimana, sotto il titolo «Obbedienza cieca, pronta e assoluta», e intendeva sfottere la fede che i comunisti nutrivano per «l'Unità». La vignetta mostrava una certa quantità di comunisti, tutti maschi, dislocati lungo una spalletta del Tevere. Tristissimi e desolati, in mano tenevano forbici e coltelli. Da lontano arrivava un «compagno» che gridava: «Contrordine, compagni!». La frase de «l'Unità» conteneva un errore di stampa e andava letta così: «I compagni devono scaglionarsi lungo le rive del Tevere». L'equivoco era tutto in quel verbo: «scaglionarsi»... Amo i vignettisti, più persuasivi di un articolo di fondo o di politica. Quasi sempre colpiscono nel segno. Ultimo ad arrabbiarsi, in ordine di tempo, è stato Piccolo Cesare, che si è scagliato contro il «Corriere della Sera» non tanto per l'articolo di fondo quanto per la vignetta di Giannelli. Lunga vita ai vignettisti.

(8 gennaio 2009)

Villari: una poltrona da difendere a ogni costo

Gli slogan del vecchio mondo sono roba da museo, ma qualcosa, ancora, si può fare. Ricorda Giuseppe Di Vittorio, segretario Cgil di Cerignola, che di fronte a un'enorme sfilata di braccianti disse: «Giù il cappello padroni! Passa l'esercito del lavoro»? Oggi lo slogan può essere rinfrescato così: «Giù il cappello padroni! Passa l'esercito delle poltrone». Giù il cappello, allora, di fronte a Cosimo di Rondò, il barone rampante Riccardo Villari, il presidente della vigilanza Rai che non scende dall'albero. Non solo è riuscito a mangiare il panettone, ma anche cotechino e lenticchie. Chapeau, appunto.

Oggi quello slogan di Di Vittorio dovrebbe subire qualche leggera modifica tipo: «Padroni, sull'attenti e allineati, passa l'esercito dei cassintegrati» oppure «Padroni, levatevi i calzari, passa l'esercito dei precari». Quelli che hanno ancora un lavoro stabile in Italia non sono più un esercito, riuscendo, sì e no, a formare due o tre divisioni. Al contrario, quello delle poltrone è un esercito speciale sempre sul piede di guerra e che obbedisce a regole proprie: il poltronista rimane vita natural durante in servizio permanente effettivo, non si congeda mai, non piglia una licenza, considera la sua poltrona come una trincea da difendere, a ogni costo. Perché, malgrado si verifichi in Italia il miracolo costante della moltiplicazione delle poltrone, esse non bastano mai a coprire l'enorme richiesta, e molti devono accontentarsi di sgabelli e strapuntini. Di questo esercito il comandante indiscusso è il senatore Villari. E come il generale Armando Diaz, può ora diramare il suo bollettino della vittoria, dove è orgogliosamente detto che il nemico, ormai in rotta, si allontana sconfitto dalla poltrona che aveva tentato di sottrargli.

(9 gennaio 2009)

Il mondo sottosopra.
Il Nord che chiede aiuto al Sud

Camilleri, il sale! Non quello della marcia di Gandhi verso il mare, ma quello di Porto Empedocle, del suo paese, di quella Sicilia sempre data per spacciata, fanalino di coda delle statistiche nazionali. Una nave con 7600 tonnellate di salgemma di Porto Empedocle ha attraccato nel porto di Genova. Serve a far sciogliere il ghiaccio meneghino, quello che ha messo in ginocchio Milano e offerto l'occasione al sindaco Letizia Moratti di sfoggiare un bel colbacco. A Milano non fa freddo, rassicurava Giuseppe Marotta. Ma a Milano manca il sale.

Ci sono stato dentro la miniera di salgemma, vicino al mio paese. Si arriva al fondo dell'abisso in macchina, percorrendo una strada sotterranea che ruota attorno a un gigantesco pilastro di sale. All'ingegnere che mi faceva da guida domandai cosa fossero certe strisce scure, ininterrotte, distanziate fra loro di un metro circa, che correvano parallele lungo le pareti. Mi spiegò che erano il segno degli strati di sale che nel corso dei secoli si erano sovrapposti. Arrivati alla profondità massima, mi accorsi che quelle linee erano verticali: domandai il perché. Lui mi rispose che era l'effetto di un antichissimo sisma che aveva letteralmente rivoltato la terra. Un po' insomma come è accaduto con la nave carica di sale, che dal mio paese è salpata per rifornire il Nord. Un vero e proprio terremoto! Il mondo sottosopra! Il Nord che chiede aiuto al povero Sud. E i leghisti, come la prenderanno? Obbrobrio supremo, pare che in quella miniera lavorino alcuni extracomunitari! Nei panni di Bossi, piuttosto che posare i piedi su un sale più contaminato di un deposito di scorie atomiche, resterei chiuso in casa fino a primavera. Che bella cosa sarebbe! Di questo, Milano penso che ce ne sarebbe grata più del sale.

(10 gennaio 2009)

Il poeta Bondi non vuole vedere in tv le stragi di bambini

Per Santo Stefano il ministro Sandro Bondi è rimasto scioccato dalla strage dell'uomo vestito da Babbo Natale; da qui una convinta intemerata contro i tg nostrani, rei di mandare in onda la non stop dell'orrore. Oscurare, oscurare! A suo figlio – ha precisato – non aveva saputo spiegare come Babbo Natale potesse fare cose simili. Ora il caso vuole che le immagini dei bambini palestinesi di Gaza non facciano altro che accrescere il suo imbarazzo e il suo disappunto. Che si fa? Oscuriamo tutto, ci facciamo una pennichella sopra e non ci pensiamo più?

Per favore, Bondi non me lo tocchi. È un'anima bella, un poeta, autore di una pregevole raccolta dal titolo *Fra le tue braccia*. Gliene do un esempio con una poesia dedicata a Marcello Dell'Utri: «Velata verità / Segreto stupore / Sguardo leggero / Insondabili orizzonti». Egli compone poesie che sono come i numeri addizionali, quelli per cui, invertendo l'ordine dei fattori, il prodotto non cambia. Puoi leggerle dall'ultimo verso, dal terzo, e il senso è sempre lo stesso. Ci provi, caro Lodato, non è mirabile? Credendo ancora a Babbo Natale, Berlusconi e Dell'Utri, e sensibile com'è, Bondi è sconvolto da certe cose che è costretto a vedere. Non da tutte, per sua fortuna, altrimenti non potrebbe né mettere piede in Consiglio dei ministri né assistere all'attività quotidiana dell'uomo che lo folgorò sulla via di Arcore. La tv, per Bondi, dovrebbe dare solo notizie rallegranti: il gatto che suona il pianoforte, Berlusconi e la Gelmini che inaugurano l'asilo infantile, il signore che trova il portafogli e lo restituisce... Via quelle brutte immagini di bambini straziati dalle bombe e dalla fame. Come potrebbe spiegarle a suo figlio appartenendo lui stesso a un governo che non alza un dito per far cessare quegli orrori?

(11 gennaio 2009)

E se Brunetta tornasse alla sua gioventù, quando vendeva gondolette?

Per Carlo Podda, segretario della Funzione pubblica della Cgil, è un ex megalomane diventato «paranoico». Per Linda Lanzillotta, ministro ombra del Pd per la Funzione pubblica, dovrebbe essere lui a «vergognarsi». Si riferiscono a Renato Brunetta, il ministro che vorrebbe mettere alla gogna intere categorie di statali perché «si vergognano di dire ai figli il mestiere che fanno» e che dichiara la Cgil il «nemico peggiore». E se gli statali si vergognassero di spiegare ai figli che Brunetta è il loro ministro? Visto che Brunetta non ottiene mai risultati, potremmo definirlo un ipercinetico afinalizzato?

La prima volta che mi capitò di sentire Brunetta fu al *Maurizio Costanzo Show*. Mancavano due o tre giorni al G8 di Genova e Costanzo manifestò preoccupazione per quello che sarebbe potuto accadere. Allora Brunetta saltò su come un misirizzi ed esclamò: «Che vuole che facciano quattro ragazzotti dei centri sociali?». Che uomo politico lungimirante! Pare, secondo alcuni sondaggi, che il suo essere un ipercinetico afinalizzato piaccia agli italiani. Da vero discepolo di Piccolo Cesare, riesce a spacciare l'acqua fresca per un geniale toccasana da lui inventato. E avendo un altissimo concetto di sé, non perde occasione per dichiarare di essere un Nobel mancato. Si dice di sinistra, e perciò la Cgil, noto sindacato di destra, è la sua bestia nera. È uomo di fantasia sbrigliata, solo così si può giustificare la sua affermazione che gli impiegati statali si vergognano a dirsi tali. Di che dovrebbero vergognarsi? Di lavorare? Non sa il signor ministro, sedicente socialista, che l'uomo si vergogna profondamente quando è privato del lavoro e non quando ce l'ha? Brunetta ha raccontato che da ragazzo aiutava il padre a vendere gondolette di plastica ai turisti. Non lo tenta il ritorno ai tempi belli della giovinezza?

(13 gennaio 2009)

Andreotti.
È anche possibile che Belzebù vada in paradiso

Per i suoi primi novant'anni (li festeggia oggi) – e ci mettiamo a turno per auguri calorosi –, Andreotti, in un'intervista, si dice certo che volerà in paradiso, con i segretucci che ammette di portare con sé. Sciascia, a proposito di Buscetta, scrisse che, però, neanche i segreti di Bontate erano «piume». Visti i tempi, il Padreterno ha modificato i criteri d'ingresso in paradiso, non essendo più ostativo né il fardello di segretucci, né una condanna per mafia in prescrizione. Quindi anche Buscetta e Bontate in paradiso. E Caselli dove finirà? Urge riforma ultraterrena: inferno, purgatorio e paradiso per togati. San Pietro sa che il Divo e il magistrato non potrebbero convivere neanche in paradiso.

Il pensiero del senatore è un po' più complesso: suppone che andrà in paradiso non perché lo meriti, ma per la bontà infinita di Dio. E confida che il Tribunale divino prescriverà i suoi peccati più grossi, un po' come fece il Tribunale di Palermo. Ma non credo che il suo viaggio verso l'aldilà sarà facile. Intanto, all'imbarco, dovrà pagare un alto sovrapprezzo per eccesso di bagaglio. Troppi i segretucci che si porterà dietro. In quanto alla convivenza Caselli-Andreotti in paradiso, il primo non creerà problemi perché, da sincero cristiano com'è, si inchinerà subito alla volontà divina.

Qualche mugugno verrà dal senatore, che dichiara di essere posseduto «da una rabbia incontrollabile» verso i suoi giudici terreni. Ma lo sa, caro Lodato, cosa diceva papa Pio II, al secolo Enea Silvio Piccolomini? Che quando qualcuno entrerà in paradiso si meraviglierà di non trovarvi chi si aspettava e di vederci, invece, chi non avrebbe mai pensato che potesse essere lì. Quindi è anche possibile che Belzebù vada in paradiso.

(14 gennaio 2009)

Rigurgiti fascisti nell'Italia di oggi

Le prove di disgelo fra Msi e Pci iniziarono con la presenza di Almirante ai funerali di Berlinguer, ricambiata, quattro anni dopo, da quella di Natta a quelli di Almirante. Molti fiumi di sangue li dividevano. Ci sono ancora comunisti e fascisti? Pare di no. Ma brutte notizie sì: deputati Pdl vogliono che gli eredi dei repubblichini abbiano croce d'onore e vitalizio. Vero è che oggi pretendere di tassare di cinquanta euro gli emigrati sta alle leggi razziali fasciste o ai gulag staliniani come i Soprano stanno alla mafia, ma non per questo i fascistelli vanno sottovalutati.

Nel 1945, dopo la Liberazione, lessi un articolo di Herbert Matthews, corrispondente da Roma del «New York Times». S'intitolava *Non lo avete ucciso* e avvertiva che l'esecuzione di Mussolini e la sconfitta di Salò non significavano la fine del fascismo, ma che anzi esso avrebbe continuato a esistere assai a lungo, ora camuffato, ora trasformato: si era troppo profondamente radicato nel nostro modo di pensare e di agire. Mi sembrò esagerato, ma le occasioni per dargli ragione si moltiplicarono. Vede, caro Lodato, oggi non mi preoccupano tanto i rigurgiti fascisti esteriori, come la proposta della pensione ai familiari dei repubblichini, o l'intitolazione dell'aeroporto ragusano di Comiso a un generale fascista, quanto, piuttosto, il comportamento fascista di chi non pensa di esserlo. Mi spiego meglio. La proposta di far pagare cinquanta euro agli immigrati, fatta dai leghisti che non si dicono fascisti, nel suo profondo razzismo è, in realtà, una proposta fascista. L'idea di prendere le impronte ai bambini rom è fascismo. È fascismo che il governo siluri un prefetto perché non è d'accordo con il sindaco di Roma che, fra l'altro, usa portare al collo una croce celtica. E l'elenco purtroppo potrebbe continuare.

(15 gennaio 2009)

Pagliacciopoli.
Dare i domiciliari a un barbone senza casa

Viviamo in un paese di fantasia. A Torino un giudice condanna un barbone con precedenti penali agli arresti domiciliari e gli impone un preciso tratto di marciapiede come dimora. La storia si complica: quel tratto di marciapiede non offre tettoie o ripari di alcun tipo, il condannato rischia l'assideramento. Lui chiede di spostarsi di qualche metro, sotto i portici. La polizia vorrebbe trovare una soluzione, ma il giudice è irremovibile. Niente da fare. Ok, Tangentopoli, Mafiopoli, Sanitopoli, Calciopoli, Velinopoli, ma questa è Pagliacciopoli.

Ho letto di un tale che, scarcerato per trascorrere il resto della pena agli arresti domiciliari, quando si presenta a casa i familiari non lo fanno entrare, non vogliono più avere a che fare con lui. Il disgraziato avverte la polizia d'essersi trasferito nella panchina del giardinetto di fronte. Il magistrato, ragionevolmente, non si oppone. Bisognerebbe che i giudici, prima di legiferare, si informassero sulle condizioni casalinghe del domiciliando: talvolta la detenzione in casa risulta essere più dura della pena in cella. Si ricorda di quell'altro che, dopo una settimana di domiciliari, si ripresentò alle porte del carcere supplicando di essere rimesso dentro? In quei sette giorni, spiegò, la vita gli era stata resa un inferno da suocera e moglie alleate. Per tornare al caso segnalato da lei, che devo dirle? Si possono dare i domiciliari a chi non ha domicilio? Quel giudice farebbe meglio a trovare una dimora al barbone, magari pagandogli di tasca sua la stanza in un alberghetto, e poi applicare il provvedimento. Al mio paese si dice che «spissu la justizia è fatta a manicu di mola», cioè contorta, distorta, di andazzo variabile.

(16 gennaio 2009)

Alitalia.
Dietro la crisi lo zampino di Satana

Per l'esorcista padre Gabriele Amorth, sulfuree diavolerie spiegherebbero questi tempi catastrofici: «*Dietro questa gravissima crisi c'è lo zampino di Satana: quando accadono divisioni e confusione, il grande tentatore è sempre presente, se la ride e i dissesti economici influiscono sulla vita personale. Ciò che vuole Satana... La crisi Alitalia ha qualcosa di funestamente satanico*». *Un governo satanico dell'economia, mondiale e parallelo. Lei ha persino scritto un libro in proposito,* Il diavolo *(Donzelli 2005), controcanto a quello di Jacques Cazotte. Conobbe Bacab, il diavolaccio, e i suoi familiari avevano miniere di zolfo. Ci dica.*

Davvero non sa che dietro ogni catastrofe, vera o metaforica, c'è sempre Satana? Non sa che decine di americani l'11 settembre testimoniarono d'aver visto il fumo delle Torri gemelle comporsi nel volto di Satana ghignante? D'altra parte, il denaro è stato definito «lo sterco del demonio», quindi è più che probabile che Satana si metta a giocare con i suoi rifiuti organici, da noi chiamati alta finanza. Ma le parole che l'illustre esorcista dedica all'affare Alitalia non mi convincono: mi sembra che Satana abbia messo in atto una strategia tortuosa che non è da lui. Gli bastava far cadere tre aerei di fila per raggiungere lo scopo. E c'è il rischio che gli ex amministratori delegati, chiamati a rispondere del fallimento, scarichino la colpa su Satana. Se prevalesse questa linea difensiva, molti manager disonesti e bancarottieri fraudolenti sarebbero assolti con il solo obbligo di sottoporsi agli esorcismi di padre Amorth. E quanti sarebbero i processi di competenza vaticana? Un dubbio atroce: se la frase sull'Alitalia a padre Amorth l'avesse suggerita Satana in persona, a sua insaputa? Forse occorre un esorcista per l'esorcista.

(17 gennaio 2009)

Politici e clown: una volta era diverso

Da ragazzo Berlusconi raccontava barzellette e cantava canzonette sulle navi, accompagnato, al pianoforte, da Confalonieri. Anche Bossi, lasciato dalla moglie quando lei scoprì che non era medico sebbene ogni mattina le dicesse «Vado in ospedale», da giovane cantava con il nome di copertura «Donato». Maroni, per hobby, suona il sassofono. Altro tipo di spettacolo i calendari della Carfagna, la ministra ex starlette. Brunetta, da piccolo, vendeva gondolette. Come spiega allora che la grande tradizione del circo italiano non sia mai riuscita a esprimere suoi rappresentanti al vertice delle istituzioni?

La risposta è semplice, caro Lodato: il circo è una cosa serissima. Ogni artista che si esibisce sulla pista di un circo, sia trapezista o domatore, contorsionista o equilibrista, ha alle spalle una preparazione di scuole severe e diuturno allenamento. L'arte circense esige dedizione assoluta, volontà di ferro. Le pare che una persona così possa mettersi a fare politica come la si intende oggi in Italia? Forse fino a una trentina d'anni fa sarebbe potuto accadere, ma allora vigeva una netta distinzione fra il politico e il clown. E non prenda la palla al balzo per dirmi che un sedicente uomo politico che racconta barzellette, canta canzonette, fa le corna nelle fotografie, gioca a cucù con una prima ministra, non abbia in fondo qualcosa di clownesco. Vede, caro Lodato, da grandi clown possono nascere o Chaplin o Beckett. Da clown mediocri nasce solo un senso di profonda malinconia. Se proprio vogliamo trovare gli ispiratori di questi politici, non li troveremo certo nel circo, ma negli avanspettacoli felliniani di una volta, quelli che precedevano il film, con il «comico», circondato da ballerine sfiorite, a raccontare scipite storielle che non facevano ridere nessuno.

(18 gennaio 2009)

Se Berlusconi sventola i bambini di Gaza come quelli cinesi o russi

Sul «Corriere della Sera», a proposito di Gaza, il professor Angelo Panebianco scrive: «Dal punto di vista strettamente militare la disparità delle forze fra l'esercito israeliano e Hamas era massima. Hamas ha avuto quindi a disposizione, in questa guerra, una carta e l'ha giocata sino in fondo: le vittime civili». Le nostre forze – e lei concorderà – non ci consentono di avventurarci in questioni così complesse, ma la frase del professore certo è strana assai. Per carità, tacciano i Cattivi Maestri; ma non sarebbe utile che anche gli Ottimi Professori d'alta quota non abusassero troppo degli allievi?

A quanto m'è parso di capire, l'illustre politologo Panebianco sostiene la tesi che Hamas abbia sfruttato i suoi 1300 morti civili come arma di pressione sull'opinione pubblica internazionale. L'esimio pensatore non tiene conto che Hamas non possiede né televisioni, né giornali, né aerei, né elicotteri, né missili; solo razzi un pochino più pericolosi di quelli che a Napoli si sparano a Capodanno. Allora chi è stato a diffondere le notizie sul massacro dei civili? C'è una sola risposta: sono state organizzazioni spacciatamente filopalestinesi, come l'Onu, la Croce rossa e i network di tutto il mondo. Non è stato da meno dell'eminente studioso di politica, il nostro Piccolo Cesare, che l'altro giorno, dalla

Sardegna, dopo avere inanellato alcune bestialità sui nuraghi, dopo aver definito astrologa l'astrofisica Margherita Hack, ha concluso la sua brillante performance sostenendo che i morti bambini a Gaza sono stati tanti perché quelli di Hamas se ne sono serviti come scudi umani. Meno male che non ha detto che se li sono mangiati come hanno fatto, secondo lui, i comunisti russi o che li hanno usati per concimare la terra come, sempre secondo lui, hanno fatto i comunisti cinesi.

(20 gennaio 2009)

Silvio come Maria Antonietta.
La beffa delle social card

Camilleri, no, questa volta la carta non canta. E Tremonti, lo si può ben dire, gioca a carte scoperte, scopertissime. Un terzo delle cinquecentomila social card vale zero. Gente che sviene alle casse dei supermercati, che avvampa di vergogna, liti e ricoveri in ospedale. Gli sfortunati gabbati sono inferociti, i giornali ne riferiscono come di una notizia di colore, gli opinionisti economici a domanda rispondono; se ne chiacchiera, insomma. Carte scoperte. Carte truccate. Gioco delle tre carte. È la finanza fantastica e creativa di un ministro la cui faccia paciosa, con adeguato corredo di campanellini, potrebbe stare benissimo in un bel mazzo di carte; truccate anche quelle.

Poco prima che scoppiasse la Rivoluzione francese, la regina Maria Antonietta, vedendo una massa di popolani che manifestavano davanti alla reggia, ne domandò la ragione a un cortigiano. «Non hanno pane» fu la risposta. E la regina: «Perché non mangiano brioche?». Era mille miglia distante dal capire che il popolo era affamato. L'altro giorno, in tv, ho visto Piccolo Cesare che andava a far compere in lussuosi negozi romani e l'aneddoto mi è tornato in mente. Piccolo Cesare incita gli italiani a spendere e dà l'esempio. Solo che lui è stramiliardario e può permetterselo, milioni d'italiani invece no. Questa esibizione mi è parsa un'irrisione, soprattutto per quei centomila che, ricevuta la social card, sono andati al supermercato per fare la spesa e l'hanno dovuta restituire, vergognandosi, perché la tessera alla cassa non risultava coperta. Insomma è stato come se Piccolo Cesare e il suo ministro Tremonti avessero elargito ai poveri assegni a vuoto. Subissato dalle proteste, Tremonti ha detto che non si polemizza sui poveri. D'accordissimo, ma nemmeno si prendano in giro.

(21 gennaio 2009)

Obama.
Il linguaggio rivoluzionario della verità

Ci vuole così poco per amare l'America. Che ve ne sembra dell'America? *si intitolava un racconto di William Saroyan, quando era in voga il mito della libertà. Oggi, per amarla, ci vuole molto meno. Ci vuole il presidente numero 44, Obama, convinto che «la grandezza della nostra nazione non cade dal cielo, va conquistata»; consapevole «che una nazione non può prosperare a lungo se favorisce solo i ricchi»; rivolto ai «cinici che non capiscono che gli è crollato il terreno sotto i piedi»; fermo con i terroristi «ai quali siamo pronti a dare la mano se abbasseranno il pugno». Il coraggio di dire «parole senza tempo», «cose vecchie»; ma «cose vere».*

Tra i personaggi italiani che commentavano in tv il discorso del neopresidente Usa, mi ha colpito un noto giornalista il quale sosteneva che le parole di Obama si potevano riassumere così: «Niente scuse, siamo americani». A me era parso il contrario. Soprattutto m'era sembrato che avesse chiesto scusa per gli errori dell'amministrazione Bush in politica interna: il gravissimo *vulnus* arrecato alla Costituzione in nome della difesa dal terrorismo, il terremoto finanziario, l'impoverimento economico, l'aumento della disoccupazione e della povertà. E, in politica estera, frasi come «il rispetto reciproco con i paesi arabi» e quella rivolta ai terroristi «pronti a darvi la mano se abbasserete il pugno», Bush non le avrebbe mai pronunciate. Un altro commentatore ha rilevato che quel discorso non conteneva frasi storiche. A me, anche questa volta, è parso il contrario. Non c'erano quelle belle frasi tornite e retoriche che tanto piacciono agli italiani, ma in compenso c'era l'asciuttezza, la concretezza della verità. E la verità, forse qualcuno se l'è scordato, in questo nostro paese annebbiato dalla menzogna, è sempre rivoluzionaria.

(22 gennaio 2009)

Così trattiamo i senza casa e gli immigrati. Gli italiani non sono più «brava gente»

Ora che i due schieramenti vogliono occuparsi di giustizia, andrebbe proposta l'istituzione di un nuovo reato: il barbonicidio. Solo a Milano, negli ultimi diciotto giorni, ne hanno trovati stecchiti sei. Li chiamano «i morti per l'inverno». Quando iniziarono a rovesciarsi le prime imbarcazioni d'immigrati, i giornali titolavano: «Tragedia del mare». Una volta, quando un mafioso era interrogato per un delitto, immancabilmente rispondeva: «Il morto deve essere andato incontro a una pallottola». «Toda verdad es relativa, todo depende del cristal con que se mira», dice un adagio ispanico... Però, in Italia, si esagera.

Il barbonicidio, come lo chiama lei, sia quello operato dal freddo, ma soprattutto dovuto all'indifferenza delle amministrazioni comunali, sia quello messo in atto da giovinastri che per svago ogni tanto ne ammazzano qualcuno, o gli danno fuoco, è un fenomeno recente che dimostra a quale livello di inciviltà stiamo arrivando. Il barbone non è più considerato un essere umano, ma qualcosa di mezzo fra un cane randagio e un cumulo di stracci. E spendiamo qualche parola sulla cosiddetta accoglienza che gli extracomunitari ricevono in Italia nel caso riescano a stabilirvisi? Bene che vada, il ghetto dei centri di raccolta. E come la mettiamo con l'aumento dei pirati della strada che ammazzano non barboni o extracomunitari, ma persone come me e come lei? La verità è che in Italia si va perdendo il rispetto per la vita degli altri. È un gravissimo depauperamento del senso di umanità che una volta si esprimeva con la solidarietà. Fortunatamente, c'è ancora chi resiste e non abdica dalla dignità di uomo, né da quella sua né da quella degli altri. Ma non sarebbe ora di piantarla con quel luogo comune che recitava: «Italiani, brava gente»?

(23 gennaio 2009)

Le promesse dei politici.
Chi guarda al passato e non a cosa fare in futuro

Per quelle curiose coincidenze che non significano nulla ma che avrebbero deliziato Borges, tutti e due hanno cognomi che iniziano con la O. Obama e Olmert. Obama dice: «Entro il 2009 chiuderò Guantánamo». E aggiunge: «Basta con la tortura». Quanto era scesa in basso l'America se oggi è costretta a mettere al bando la tortura per decreto presidenziale? Olmert pare voglia indagare sul bombardamento al fosforo a Gaza. Ma un gabinetto di guerra, di un paese nato e cresciuto a pane e guerra, deve indagare per sapere se il fosforo fu usato? Usa-Israele: la sfida comincia ora. Sbaglio?

Non capisco quale affinità o disaffinità lei trovi in due cognomi che cominciano con la stessa lettera, anche se potrebbe essere un raffinato gioco letterario alla Borges. La M di Mussolini era come quella di Matteotti, la S di Stalin era gemella di quella di Solženicyn e, mi consenta, la B di Berlusconi è uguale a quella di Bin Laden. E le faccio presente, caro Lodato, che la sua L è identica a quella di un tal Lo Piccolo... Ciò premesso, Obama, cosciente che il suo paese ha per un certo periodo ignorato i diritti civili e l'habeas corpus, vi ha posto rimedio mosso da un impulso morale prima che politico. Olmert, poverino, dicendosi all'oscuro che il suo esercito aveva impiegato armi proibite, promette un'inchiesta. La differenza abissale è questa: uno agisce in modo che non accadano più episodi simili, l'altro promette di indagare su un passato che ha provocato più di 1300 morti, ma non fa nessuna azione che riguardi il futuro. E dato che parliamo di promesse, Olmert in seguito alle gravissime accuse di corruzione non aveva promesso di dimettersi entro l'anno scorso? Oppure il sublime esempio del nostro, si fa per dire, presidente Villari, ha infiammato anche quelle sponde?

(24 gennaio 2009)

Più soldati contro gli stupri.
Solo fumo negli occhi

Una donna è stuprata «da uomini con accento nordafricano», un'altra «da uomini con accento dell'Est», una ragazza «da un italiano di ventidue anni, senza precedenti, con un lavoro». Vuol mettere la differenza fra l'essere violentata dallo straniero senza permesso di soggiorno o dall'italiano con i documenti a posto? Alle prefiche di destra, che durante il governo Prodi piangevano a tassametro per ogni episodio di violenza, sembrava tutto facile. Ora un Maroni incoturnito annuncia «La Fase 2». Quale? Accendere la luce nei quartieri immersi nel buio? Non serve l'esercito, ci vuole l'Enel.

Che gli stupratori parlino con l'accento dell'Est o quello nordafricano è un fatto usato come arma dalla propaganda dei leghisti. Arma che però finisce con il colpire soprattutto coloro che, da Berlusconi ad Alemanno, sulla promessa di sicurezza hanno fondato gran parte della loro fortuna elettorale. Ora l'ineffabile ministro Maroni annuncia che il problema si può risolvere con il prolungamento della presenza dell'esercito nelle città. Altra aria fritta, perché si è già visto che l'esercito non serve a nulla. Solo fumo negli occhi per impedire agli italiani di vedere che i drastici tagli alle forze dell'ordine impediscono loro il controllo del territorio. E il fracasso del tam tam si attenua non appena si scopre che è stato un italiano a commettere lo stupro. Allora la faccenda viene presentata un po' come l'eccezione che conferma la regola. Il problema non lo si risolve con gesti di facciata: occorrono provvedimenti severi, concreti, che non ubbidiscono a regole dettate dall'emozione o dalla xenofobia. È bene che Alemanno, sindaco di Roma, ricordi un vecchio detto che può parafrasarsi così: «Chi di stupro ferisce, di stupro perisce».

(25 gennaio 2009)

Nell'anno del turista si arrabbiano gli abitanti di Lampedusa

Una cosa ancora non ci riesce bene: il passo dell'oca. Dalle robuste mani di Maroni scappano 1300 immigrati. Grandioso! Il numero uno del Viminale vuole un altro centro a Lampedusa; irrita il sindaco, che dice: «Gli taglierò acqua e fogne»; si autoinfligge una magra figura avendo detto che il 15 gennaio sarebbero partite le pattuglie italo-libiche e che il 2009 sarebbe stato «l'anno del turista». Il paese solidarizza con i 1300 in fuga. Chi sono? Detenuti all'ora d'aria? Evasi? Comparse di Cinecittà? Battaglioni di stupratori? Ingombrante millepiedi umano? O le avanguardie di un mondo affamato?

Mi consenta di contestare il verbo «scappare»: in quel Cpa si può entrare e uscire a piacimento; l'ospite, se lo desidera, può andare a farsi una birretta o uno scopone con gli amici nel bar più vicino. L'ha detto Piccolo Cesare che, in precedenza, non scordiamolo, definì villeggiatura il confino al quale venivano condannati gli antifascisti. Non c'è stata nessuna fuga, si è trattato di un'allegra gita per prendere una boccata d'aria, dato che dentro al centro si sta un po' strettini. Infatti sono in 1300 in una struttura progettata per 350. Tutto il resto, disumane condizioni di vita, servizi igienici traboccanti liquame, mancanza di medicinali, è invenzione della solita sinistra. Lì si respira sempre aria buona e c'è un mare impagabile. Piccolo Cesare starebbe meditando di rinunziare all'acquisto di una grandiosa villa umbra – la quindicesima – per trasferirsi nel centro di Lampedusa. In quanto al ministro Maroni, un solo consiglio: poiché dovrà recarsi in Libia, non si attenti a sorvolare Lampedusa, ma faccia la rotta Gibilterra-periplo dell'Africa-Canale di Suez, stando il più possibile alla larga dall'isola. Pare che gli indigeni siano un pochino inferociti.

(27 gennaio 2009)

Il finto scandalo Genchi
e le sparate di Berlusconi

Berlusconi impazza, minaccia sfaceli sulla giustizia, diffida gli alleati dal non mettersi di traverso, annuncia il «più grande scandalo della Repubblica». In vista delle elezioni di Sardegna infanga Renato Soru, costretto a querelarlo, agli studenti manifesta tutto il suo livore contro «l'Unità», se la prende con Tremonti, che invece di lavorare pensa alla successione. Affronta Olocausto e stupri a suon di battute e barzellette. Poi si corregge: sono solo «complimenti». Per l'opposizione il compito non è facile. Ma qualcosa l'opposizione dovrà pur farla?

A me l'opposizione pare pericolosamente lenta a spegnere tutte le girandole di balle che Berlusconi accende. Berlusconi è quello che un tempo, a Milano, veniva chiamato il ballista, uno che le sparava grosse per puro divertimento. Solo che Berlusconi le spara mirando al tornaconto personale. Come fa col caso Genchi, accusato di avere fatto 350.000 intercettazioni mentre si tratta di tabulati, ossia di registrazioni cartacee del traffico fra diversi utenti. Genchi sa da quale numero è stato chiamato un altro numero ma sconosce il contenuto della telefonata. E questo sarebbe il più grande scandalo della Repubblica? E allora l'immane, gigantesco suo conflitto di interessi a che ordine di grandezza appartiene? E c'è un'altra cosa preoccupante alla quale l'opposizione dovrebbe reagire con forza. Berlusconi non apre più bocca senza offendere qualcuno. In un solo comizio sardo ha offeso Soru, le donne, gli immigrati, l'esercito, l'opposizione. Se glielo fanno notare, dice che si tratta di umorismo mal capito perché lui, davanti al disastro nel quale sprofonda il nostro paese, ride. Una risata in tutto simile a quella di un animale che vive nel deserto, si nutre di cadaveri e vi ha sempre fatto venire i brividi.

(28 gennaio 2009)

Dal G8 a Rete 4, a Eluana.
Quando lo Stato non rispetta le sue leggi

Ma che Stato è quello italiano? Sia pur condannato, si rifiuta di risarcire (due milioni di euro da suddividere fra 142 persone) i ragazzi torturati a Bolzaneto, nella speranza che la sentenza d'appello ribalti il giudizio sui fatti di Genova. I giovani pestati a sangue si accontentassero delle «sentite scuse» dello Stato ma, come si usa dire fra pessimi pagatori, «non c'è trippa per gatti». La riforma della giustizia dovrebbe includere un semplice articolo: «Anche lo Stato, come i comuni cittadini, è tenuto a pagare i suoi debiti».

Lo Stato la pensa secondo un vecchio detto delle mie parti: «Pagari e moriri chiù tardu che si pò». È infatti frequente il caso che lo Stato si decida a pagare una pensione trent'anni dopo che l'avente diritto si è reso defunto, per dirla con Gadda. E c'è da considerare che fra coloro che dovevano essere indennizzati ci sono alcuni stranieri che così saranno in grado di capire cosa si intenda da noi con l'espressione «cornuti e mazziati». Ma ha notato, caro Lodato, come sempre più spesso le sentenze dei tribunali sono disattese? Da anni la Cassazione ha spedito Emilio Fede sul satellite con l'obbligo di restituire la frequenza al legittimo proprietario. Fede se ne sta ancora lì. Un'altra sentenza ha ordinato che a Eluana fosse interrotta l'alimentazione, ma Sacconi e uno sciame di cardinali si sono messi di traverso. C'è stata una sentenza del Tar milanese, anch'essa favorevole a Eluana, ma Formigoni non intende applicarla. E l'oggetto del contendere – perché continuano a chiamarla col nome e cognome, visto come la trattano? – sta lì, privata d'ogni volontà, ad aspettare che finisca l'ignobile tenzone. A questo punto, caro Lodato, invece di riformare la giustizia a misura di Berlusconi non sarebbe più spiccio abolirla per decreto legge?

(29 gennaio 2009)

La riforma della giustizia
di un presidente più volte inquisito

La frase, nella sua infelicità, è nota: «A lei, presidente Napolitano, che dovrebbe essere arbitro, possiamo dire che a volte il suo giudizio ci appare poco da arbitro e poco da terzo? Il silenzio uccide, il silenzio è un comportamento mafioso». Di Pietro dà fuoco alle polveri e scatena una valanga di reazioni negative e una durissima nota del Quirinale. Ironia della sorte, lei si era rivolto a Di Pietro invitandolo, per le europee, a sostenere una lista degli onesti. Se l'avesse saputo prima, l'avrebbe scelto come interlocutore? Sente tradita la sua fiducia?

Una premessa non doverosa, ma sinceramente sentita: le parole di Di Pietro mi appaiono inaccettabili e totalmente fuori posto e, soprattutto, aggettivare come mafioso un comportamento del capo dello Stato attiene alla sfera delle futuristiche parole in libertà, più che alla politica. Dico però, con altrettanta sincerità, che la preoccupazione di Di Pietro sulla riforma della giustizia che Berlusconi intende perpetrare è più che fondata. Di Pietro è stato un irruente protagonista di Mani pulite che rimane magistrato *in aeternum* e che teme lo stravolgimento della giustizia. Solo in Italia è possibile che sia concesso a un individuo, più volte inquisito e con cause pendenti alle quali si è sottratto con leggi *ad personam*, di varare una riforma della giustizia. Non è solo Di Pietro ad averne paura, dovremmo averla tutti. Occorre che ogni passo che Berlusconi fa in questa materia sia attentamente monitorato e vagliato per il bene comune. Lei mi chiede se la mia proposta l'avrei fatta anche dopo le sue inaccettabili parole su Napolitano. Non le sembra che le due cose siano completamente diverse? E comunque, perché non si trova in Italia la stessa indignazione verso chi afferma che col tricolore ci si pulisce il sedere?

(30 gennaio 2009)

Semafori intelligenti ma ladroni

C'è un nuovo pubblico ufficiale: il Semaforo ladrone. Ma questa volta, non c'entra Roma ladrona. Con buona pace di Borghezio e Cota, Calderoli e Maroni, c'entra il Nord ladrone. Parafrasando Renato Zero: «Il semaforo no non l'avevo considerato...». È stato arrestato l'inventore del «semaforo intelligente», indagati 108 fra funzionari di polizia municipale, amministratori di ottanta comuni del Nord e privati, tutti taglieggiatori di automobilisti per 130 milioni di euro. Il semaforo era truccato, come certe bilance: migliaia i ricorsi degli automobilisti inferociti. Il Nord ladrone restituirà il maltolto? Mmm...

Credo risalga ai primi tempi dopo l'Unità d'Italia che alcune amministrazioni assunsero nei riguardi dei cittadini un atteggiamento bushano *ante litteram*, vale a dire la fregatura preventiva. Mi spiego: partendo dall'idea che il neonato popolo italiano non avrebbe avuto il senso d'appartenenza a una comunità nazionale, con conseguente evasione fiscale, l'amministrazione statale elaborò autentiche trappole a danno del contribuente. Sono passati quasi 150 anni e l'atteggiamento non è molto cambiato: si è esteso a regioni, province e comuni. Questi ultimi, con l'abolizione dell'Ici voluta da Piccolo Cesare solo per acquistare popolarità, sono stati privati di una cospicua entrata e tentano di recuperare come possono. Ricorda la pioggia di divieti e di multe per i trasgressori che imperversò l'estate scorsa? Vietato mangiare un panino in pubblico. Vietato fare castelli di sabbia. Vietato camminare con gli zoccoli... In sostituzione dei semafori ingannatori troveranno altri espedienti. Ne propongo uno io: tassare chi va in giro senza orologio, perché così usufruisce gratis dell'orologio del municipio. Quanto al rimborso, forse, ne godranno i nipoti.

(31 gennaio 2009)

Febbraio

Obama e il governo italiano.
La favola della formica che vuol uccidere l'elefante

I nostri politici che danno lezioni, voti, pagelle, consigli, bacchettatine o bonari buffetti a Obama ricordano le mosche fastidiose che viaggiano gratis nella giungla stando sul groppone dell'elefante. Dal suo insediamento, il presidente «abbronzato» (versione Berlusconi), o «caffellatte» (versione Cossiga), ha capovolto la filosofia del mercato delle auto; ha rilasciato la prima intervista ad Al Arabiya, parlando al mondo arabo che lo ricambia con una valanga di messaggi: «Che Allah ti benedica»; si rivolge lealmente al russo Medvedev che riattiva, dopo la gelata con Bush, il «telefono rosso» (e russo); sul lavoro stabilisce la parità uomo-donna. E l'Italia che fa? L'Italia critica gli Usa, con gran dignità.

Un aspetto della mediocrità è la supponenza. In una discussione politica fra mediocri la frase più usata comincia con «se fossi io» e prosegue, a seconda dei casi, con «il ministro dell'Economia», «il presidente del Consiglio», «il capo dello Stato», «il papa». Il mediocre ha sempre la ricetta in tasca. C'è la storiella antichissima di un calzolaio che fa notare a un artista, che ha appena scolpito una statua, che non ha eseguito a regola d'arte le scarpe. Lo scultore le rifà. A questo punto il calzolaio critica la forma del naso. Ma lo scultore: «Scarparo non ti spingere oltre». Dato che lei cita la mosca in groppa all'elefante, gliene racconto un'altra. Una formica sfida a duello mortale un elefante, incitata dai suoi tifosi. La formica sale faticosamente sul bestione, e arriva sotto la sua gola. Dai suoi fan parte un coro: «Strozzalo, strozzalo». I politici italiani che danno consiglio a Obama su come governare gli Usa e condurre la politica estera – incapaci come sono di governare il loro piccolo paese – si dimostrano privi del senso delle proporzioni, oltre che del ridicolo.

(1° febbraio 2009)

Lavoratori inglesi contro lavoratori italiani. Un nuovo rigurgito razzista

Facile dire che chi di razzismo ferisce di razzismo perisce: a farne le spese sono i lavoratori, e non i governanti italiani che se ne stanno rimpannucciati, e al calduccio, fra vitalizi, auto blu e stuoli di portaborse. In Inghilterra, un centinaio di italiani sono agli arresti – diciamo – occupazionali. La polizia li guarda a vista. I lavoratori inglesi non sentono ragioni: gli italiani venuti a costruire la raffineria di Lindsey, dopo che la siracusana Irem si è aggiudicata la gara, tolgono loro il pane di bocca. I leghisti non potrebbero portare alle due maestranze un po' d'acqua del Po e invitarle a un brindisi comune?

Mi scuserà se, in questa faccenda, non ci faccio entrare né Lega né leghisti. I nostri lavoratori non sono arrivati lì da clandestini, ma in seguito a regolari accordi con le competenti autorità di quel paese. E quindi i lavoratori inglesi dovrebbero prendersela con i loro governanti e non minacciare i compagni italiani. Ancora: se invece di operai altamente qualificati fossero arrivati netturbini o pulitori di fogne non ci sarebbero state proteste. Questi lavori, come accade anche da noi, non risvegliano appetiti. L'aspetto inquietante, come giustamente nota lei, è il rigurgito razzista. Ho sentito, da un rappresentante degli operai inglesi, queste testuali parole: «Non capisco come si possa volere un lavoro straniero mal fatto». Dal che si capisce che per lui ogni lavoro fatto dagli stranieri è pregiudizialmente mal fatto. Sarebbe più accettabile sostenere che la coperta diventa ogni giorno più corta e ognuno difende lo scarso lavoro come può. E se noi reagissimo allo stesso modo con gli operai inglesi che verranno a installare un rigassificatore a Priolo (Siracusa)? Non sarebbe come fare «ciao ciao» al mercato unico europeo?

(3 febbraio 2009)

Intolleranza leghista.
Il cattivo esempio viene dall'alto

Siamo un popolo di tontoloni. C'è una crisi di valori tanto estesa e profonda che per dei minorenni è naturale concludere la serata iniziata a vodka e coca con l'«emozione forte» di bruciare un indiano. Fatti del genere ne accadono tanti e noi stessi, in questo piccolo ristorante, ce ne siamo occupati. Perché tontoloni? Perché poi viene la Gelmini con i voti in condotta, le telecamere, gli sms ai genitori se il figlio marina la scuola, il grembiulino come divisa del bravo bambino, e sembra una di quelle stelline che su Rai Uno ti danno la buonanotte puntandoti il dito diritto nell'occhio.

Il ministro Maroni ha precisato che l'episodio dell'indiano bruciato vivo non è da ascriversi al razzismo ma al degrado morale. «Girala come vuoi sempri è cucuzza» si dice dalle mie parti. Qui si tratta di degrado morale associato al razzismo. Avrebbero dato fuoco a un loro concittadino? Certamente no. La loro criminale ignobiltà si è sfogata su un essere umano considerato di infima serie. È inutile nascondersi dietro a un dito: l'esempio viene dall'alto. Gente che ha capeggiato attacchi a baraccopoli extracomunitarie o costretto migranti a salvarsi gettandosi nelle acque gelide del Po siede nel Parlamento europeo e in quello italiano. In che modo indecente e inumano il leghista Maroni concepisca il trattamento dei migranti che sbarcano a Lampedusa lo si è visto e lo si continua a vedere. Ha letto l'intervista dell'ex ministro Pdl Pisanu? Ne riporto una frase: «L'immigrazione non si affronta ascoltando le voci delle osterie padane. C'è un clima di intolleranza e la responsabilità leghista non va nascosta». Ma Berlusconi non ci sente, troppo occupato dalla riforma *pro domo sua* della giustizia. Domani leggeremo su «La Padania» che Pisanu è un comunista. E la Gelmini gli darà 5 in condotta.

(4 febbraio 2009)

Il Vaticano vuol staccare la spina allo Stato laico

Pare che Eluana stia partendo per il lungo viaggio. Beppino Englaro, il padre: «Cali il silenzio». Le faccio questa domanda perché non voglio che rimanga solo il gracchiare di corvi, di polemisti funerari, di causidici delle morti altrui. Il Vaticano: «È antiumanesimo» (Giordano Bruno, però, non era in stato vegetativo). Sacconi: «Valuteremo». Bruno Vespa: «Eluana morirà di fame e sete». Coraggioso e documentato, il professor Ignazio Marino, che spesso a Porta a porta *è riuscito a fare impallidire Vespa.*

Mi ero ripromesso, caro Lodato, di non parlare più di Eluana e manterrò il punto. Ma una considerazione s'impone su quello che è stato il comportamento del Vaticano, non della Chiesa, in questa tristissima storia. Già da qualche tempo, anzi, diciamolo apertamente, con l'elezione di papa Ratzinger, gli interventi d'Oltretevere su alcune ipotesi di leggi della Repubblica si erano fatti talmente pressanti da bloccare, nei fatti, l'iter delle leggi non gradite. Un solo esempio: i Dico. La pressione del Vaticano agisce a tenaglia: da una parte i vescovi e i cardinali che tuonano dai pulpiti, dall'altra quei politici cattolici che premettono la loro fede alla ragione politica. Stavolta si è approfittato di un caso che ha commosso l'Italia per cercare di staccare la spina, è il caso di dirlo, alla laicità del nostro Stato. Il quale si è espresso attraverso la Cassazione e attraverso le parole del presidente Napolitano, che ha dichiarato non trattarsi di eutanasia. Continuare a usare il termine assassinio ora costituisce una pura e semplice offesa. E in quanto al ministro Sacconi e a Vespa, consiglio loro di ascoltare la cristianissima esortazione del cardinal Tettamanzi: pregare in silenzio per tutti.

(5 febbraio 2009)

Niente cuscus e kebab.
A Lucca vietata la cucina multietnica

Cucina centralistica o cucina federale? Il Consiglio comunale di Lucca, a maggioranza di centrodestra, ha emesso un'ordinanza che mette al bando i ristoranti di «etnie diverse». De profundis per il cuscus, il curry, il kebab, la soia, gli involtini primavera, forse per lo stoccafisso delle isole Lofoten, di sicuro per il peperoncino messicano e il sushi eccetera. Si sa dove si comincia... Lei, che è di «etnia diversa», e titolare di ristorante, non spende una parola a favore di spaghetti con le sarde, finocchietto di montagna, polpettine di tonno, pasta alla glassa, crastagneddu, milinciani a tutto dentro e muffulette?

A Lucca non solo hanno messo al bando le cucine etniche ma, a quanto pare, ai ristoratori del centro storico si fa obbligo di servire solo piatti lucchesi. Chi va a Lucca sappia che non troverà né pizza napoletana né pasta alla Norma siciliana. E se tanto mi dà tanto, è chiaro che il divieto sia da intendere esteso, implicitamente, anche alla cucina di paesi come la Francia o la Grecia. Mi corre l'obbligo di porre alcune domande al sindaco di Lucca: ha controllato se i cuochi del centro storico sono lucchesi da almeno sette generazioni? Perché, e lo lasci dire da uno chef come me, è la mano del cuoco a fare la pietanza. Una mano di sangue, metti piemontese, non avrà mai il tocco giusto per un piatto lucchese. E se putacaso a un lucchese non piace la cucina della sua città? Gli viene tolta la cittadinanza? Sono sicuro che sorgeranno ristoranti clandestini e carissimi dove lucchesi, con barba finta per non farsi riconoscere, andranno a rimpinzarsi di sartù di riso, pasta con le sarde, soppressata e caciocavallo. Uno dei pochi piaceri che ancora ci restava era quello di godere di una buona pietanza senza distinzioni etniche. Ma a Lucca la pensano diversamente.

(6 febbraio 2009)

Continua la crociata su Eluana.
Prova suprema per la laicità dello Stato

L'aggettivo «raccapricciante», adoperato dal capo dello Stato Napolitano a proposito dell'indiano dato alle fiamme, non ha molti sinonimi. Uno, però, esiste: «repellente». Come definire il decreto ad personam di Berlusconi, autentica sfida al Colle, su una vicenda tanto privata e delicata? Come definire le parole di Gianfranco Rotondi: «Su Eluana decide Berlusconi»? O l'invio da parte del ministro Sacconi di ispettori presso la clinica La Quiete? O le auspicate indagini della Procura di Udine su amici e parenti di Eluana? O le fiaccolate oscurantiste sotto la clinica di Udine?

Si è scatenata una di quelle tipiche crociate italiche fatte di novene, fiaccolate, veglie, anatemi. Persino un improbabile decreto del governo, che il capo dello Stato si è visto costretto a bocciare. Caro Lodato, scommettiamo che leggeremo che la statua della madonnina di vattelappesca si è messa a piangere lacrime di sangue? Sempre più mi confermo che la laicità del nostro Stato è messa di fronte a una prova suprema. Se lo Stato dovesse abiurare, come Galileo, tanto vale richiudere Porta Pia, estendere le mura vaticane fino a comprendere Montecitorio e il Senato, e prendere atto che l'Unità d'Italia non è riuscita a festeggiare i suoi 150 anni. Comunque vada a finire questa penosa storia, il nostro paese, già ampiamente in crisi istituzionale, ne uscirà ancora più disastrato. Berlusconi ha tentato fino all'ultimo di fermare tutto con un decreto *contra personam*, più che *ad personam*. Ma egli non poteva demordere, perché fare la parte del trombettiere del settimo cavalleggeri, quelli che nei film western arrivano all'ultimo minuto per salvare la carovana dai pellerossa, gli piaceva proprio tanto. Questa volta la ciambella gli è riuscita male.

(7 febbraio 2009)

Riformare le leggi.
Da Montesquieu a Piccolo Cesare

Un piccolo indovinello. Chi scrisse: «È vero che talvolta occorre cambiare qualche legge. Ma il caso è raro, e quando avviene, bisogna ritoccarle con mano tremante, con tanta solennità e con tante precauzioni che il popolo debba concluderne che le leggi sono veramente sante; e soprattutto con tanta chiarezza che nessuno possa dire di non averle capite»? Un autentico girotondino, quel diavolo di Montesquieu! «Mano tremante»: da noi, quando si affronta il tema di leggi e giustizia, siamo a un mix di minacce, annuncio d'Apocalisse, vigilia dell'anno Mille.

Ma lei oggi ha intenzione di babbiare? Come le viene in mente di citare Montesquieu con i tempi che corrono? Vedo che lei vuole bassamente insinuare qualcosa. Ma chi le dice che Piccolo Cesare, dato l'altissimo senso dello Stato che lo possiede, non tremi, non sudi, non esiti prima di decidersi a rivoltare come un calzino una vecchia legge o a farne una *ad personam* o *contra personam*? Lei lo ignora, ma Piccolo Cesare vive ore di angoscia, passa notti insonni, interrogandosi peggio che Amleto: «La cambio o non la cambio?». E in questo grande travaglio interiore si dissuga tutto, come direbbe Pirandello. Per fortuna vegliano con lui il ministro Alfano e l'onorevole Ghedini, sempre pronti a rincuorarlo. E se infine si risolve a cambiare una legge è perché forte del fatto di non avere mai nessun interesse personale, ma di agire sempre e comunque per il bene supremo del popolo. Se lo ricorda Metastasio? «Se a ciascun l'interno affanno si leggesse in fronte scritto, quanti mai che invidia fanno, ci farebbero pietà.» Orgoglioso com'è, Piccolo Cesare, al quale l'affanno si legge in volto, non vuole la pietà di nessuno. Per questo è costretto a ricorrere a interventi di plastica facciale.

(8 febbraio 2009)

L'ultima battaglia per Eluana.
I sedicenti cattolici e il loro tornaconto

In Italia la vita è sacra, il fine settimana è magico. Certi onorevoli crociati, prima di dedicarsi all'ultima battaglia nella speranza che Eluana possa avere figli, come spera Berlusconi al quale risulta che ha un ciclo mestruale regolare, sono tornati al loro collegio. Si è distinto Maurizio Sacconi, ormai scultura vivente e parlante del travaglio dell'uomo contemporaneo: «Le mie scelte sono laiche. Ma oggi sono un credente. Venerdì è stato il giorno più bello: è finito il nichilismo del Sessantotto». Venerdì: perché sabato scattava il weekend.

Sacconi, folgorato sulla via di Udine come tutti i neoconvertiti e diventato un *defensor fidei* che manco ai tempi belli dell'Inquisizione. In Consiglio dei ministri, ha tirato fuori il ciclo mestruale, trovando esultante cassa di risonanza in Berlusconi. Chiedo ai cattolici veri, non ai sepolcri imbiancati, se a loro sarebbe mai venuto in mente di associare una ragazza, in coma da diciassette anni, al suo ciclo. Per farlo, ci vogliono menti subumane e perciò prive d'ogni rispetto per la dignità dell'uomo. Ora Sacconi ha chiamato i carabinieri perché andassero a cercare il pelo nell'uovo nella clinica. Sacconi spera di vincere la sua crociata combattendo a cavallo di un cavillo. Ma perché, caro Lodato, la cosiddetta difesa della vita umana la si combatte solo a Udine e non anche a Lampedusa, dove dieci immigrati hanno tentato un suicidio collettivo? Né Berlusconi, né Sacconi, di fronte all'eventualità che altri tentativi di darsi la morte possano avvenire, hanno battuto ciglio. Il fatto è che ci sono politici sedicenti cattolici che seguono i dettami della Chiesa solo se ci trovano un tornaconto politico o personale, altrimenti vai con divorzi, amanti, ruberie e chi più ne ha più ne metta. E la vita è sacra solo nei giorni feriali.

(10 febbraio 2009)

Per Mediaset prima viene la pubblicità e dunque il *Grande fratello*

Non so se ha seguito la tragedia di Udine o si è gustato il Grande fratello. Non so se ha assistito al j'accuse di Gaetano Quagliariello: «È stata ammazzata». O al Gasparri tarantolato contro il capo dello Stato. O se stava chiosando il Cicchittopensiero. Magari ha preferito Vespa che scaricava immagini d'archivio a riprova che tutti passano, son passati e passeranno (da porta a porta). O si sciroppava Fede? Enrico Mentana si è dimesso da direttore editoriale di Canale 5 perché, pur di lasciar posto al Grande fratello, Matrix *è stata stoppata. E la notizia, fino a notte fonda, è stata nascosta.*

Appena ho appreso con commozione della morte di Eluana, ho fatto zapping illudendomi che il centrodestra sarebbe stato consono alla gravità del momento. Ho dovuto disilludermi, ascoltando l'ignobile accusa di tal Quagliariello, e subito dopo lo straparlante e irresponsabile Gasparri che, non contento di avanzare dubbi sulle modalità della morte di Eluana, ha continuato a scagliarsi contro il capo dello Stato. Ma la notizia in un certo senso più inattesa sono state le dimissioni di Mentana, il quale aveva chiesto di andare in prima serata con una puntata di *Matrix* dedicata a Eluana al posto del *Grande fratello*. Gli è stato risposto che il palinsesto era sacro e intoccabile. Hanno prevalso gli affari – ha detto Mentana – e questo dimostra ancora come per Berlusconi, padrone di Mediaset anche se finge di non esserlo, gli affari vengano prima di tutto, prima della sbandierata *pietas* per Eluana. Qui c'era in ballo la pubblicità e coi soldi non si scherza. Berlusconi mi ricorda quei killer dei film americani che, prima di uccidere un tale, gli dicono: «Niente di personale, sono solo affari». Ma c'è una grossa differenza: Berlusconi non sta ammazzando un tale, ma l'Italia intera.

(11 febbraio 2009)

Dopo Eluana.
Il testamento biologico del governo

Quando aprimmo il ristorante ci demmo una regola: stare dalla parte del cliente. All'indomani della triste conclusione della vita di Eluana, si andrà all'approvazione di una legge. Sono terrorizzato che ne venga fuori l'ennesimo, indigeribile porcellum, e questa volta persino in materia di vita e morte. Sarebbe troppo. Un sommesso consiglio all'opposizione: non firmare alcunché prima di dare un'occhiata alla pioggia di testamenti biologici che si stanno riversando in queste ore sui più importanti siti internet: «Io sottoscritto... nato a... residente a... se dovessi restare vittima di... chiedo di non esser sottoposto...». Crudo, ma vero.

Quello che mi rivela, caro Lodato, significa che moltissimi italiani, visto e considerato come si è comportato il governo nel caso Englaro, e che il testamento biologico, se tanto mi dà tanto, si rivelerà una berlusconata, mettono le mani avanti e scrivono nero su bianco la loro volontà. Spontaneamente, a futura memoria. Aprono l'ombrello perché sono sicuri che è in arrivo non la pioggia, ma il temporale. Credo che facciano benissimo a cautelarsi. Si usa dire che il buon tempo si veda dal mattino e il mattino del testamento biologico è quella leggina, approvata in Senato, in base alla quale vien fatto obbligo ai medici di non interrompere l'idratazione e la nutrizione. Come se il governo e il Parlamento dicessero al cittadino: faremo una legge in base alla quale potrai mangiare le triglie come vorrai, fritte o alla livornese, ma sappi che non potrai disporre né dell'olio perché te l'abbiamo già sequestrato, né del gas perché te l'abbiamo già tagliato. Insomma, ci sono tutti i presupposti perché la legge sul testamento biologico si riveli un'altra presa in giro, un'altra porcata, un'altra truffa, un'altra bidonata, la chiami come vuole lei.

(12 febbraio 2009)

La setta segreta degli «Adoratori di Gasparri»

Camilleri, come adopera il telecomando? Le spiego. Se appare Gasparri, alla sua faccia sovrappongo il Televideo. Cicchitto lo gusto dal vivo e in voce, trovandolo così più armonico, più completo. Piccolo Cesare gode del privilegio che io stacchi tutti i telefoni, per evitare disturbi di sottofondo. Di Calderoli, apprezzandone il faccione, lo registro, e via con un bel fermo immagine, senza voce. Cota e Bocchino, Quagliariello e Bricolo, i veri debuttanti, non solo li registro, li archivio. Mio figlio, un giorno, forse li vedrà. Lei come si regola?

Mi consenta, ma lei fa un uso un tantino schizofrenico del telecomando. Visto l'elenco dei personaggi, e il diverso comportamento che mette in opera per ciascuno di loro, perché non si sintonizza sulla *Famiglia Addams* e buonanotte? Ma devo confessarle che io appartengo a una sorta di setta segreta, denominata «Gli adoratori di Gasparri», e dato che le epifanie televisive dell'eminente uomo politico avvengono più volte in una stessa giornata, e su canali diversi, a ogni singolo membro della setta spetta il controllo di una rete con il registratore acceso. Il sabato sera ci riuniamo, spegniamo i cellulari, e vediamo tutte le registrazioni della settimana mantenendo un religioso silenzio e una difficile serietà. Qualcuno ogni tanto viene colto da leggeri malori ma è un prezzo minimo rispetto all'arricchimento culturale che ne ricaviamo. Come è noto, Gasparri può spaziare indifferentemente dalla crisi del parmigiano reggiano allo sviluppo della produzione di lacci di scarpe in Ecuador, dalla politica estera della Tanzania all'uso delle lingue ugrofinniche. Però, subito dopo la visione, distruggiamo tutto il materiale registrato. Non vogliamo lasciare ai posteri nessun'immagine dell'infelice tempo nel quale abbiamo vissuto. Ce ne vergogniamo un pochino.

(13 febbraio 2009)

Il Csm boccia la legge sulle intercettazioni. E chi se ne importa?

Ricorda quel tale che a Bologna si lancia dalla Torre Garisenda? Mentre minaccia il suicidio, sotto si raduna una gran folla che lo invita a ripensarci. Lui si butta. Ma resta illeso e i curiosi domandano: «Cos'è successo?». E lui: «Lo chiedete a me che arrivo adesso?». Il fatterello mi è tornato in mente assistendo, a Ballarò, *alla performance di Angelino Alfano, il ministro della Giustizia, il felice e sorridente cascatore dalle nuvole. Il Csm boccia la legge sulle intercettazioni perché «pregiudica le indagini». Consiglio al ministro: lanciarsi dalla torre è umano, perseverare è diabolico...*

Credo siano pochi gli italiani che non abbiano capito che il gran putiferio scatenato da Berlusconi sul caso Englaro era una sorta di prova generale di rifiuto d'obbedienza a una sentenza della Cassazione. Ora, anche se il Csm boccia la legge sulle intercettazioni, cosa vuole si preoccupi il ministro Alfano, noto alle cronache per avere dichiarato che Eluana è morta di sentenza? Quello del Csm non è che un parere e Berlusconi ne farà lo stesso uso che il suo amico alleato Bossi fa del tricolore. Già l'onorevole Ghedini ha protestato definendo il parere del Csm «un'interferenza da Stato bolscevico». E Berlusconi potrà sempre buttarla in politica. Dato che il presidente del Csm è il presidente della Repubblica, si metterà a strillare che ancora una volta Napolitano gli si è messo di traverso per impedirgli di governare come vorrebbe, secondo la logica della difesa a tutti i costi dei suoi interessi affaristici e politici. Stia tranquillo, caro Lodato, continueranno a gettarsi dalla torre non una, ma cento volte. Sanno che sotto c'è un nutrito gruppo di pompieri volontari fatto di giornalisti, opinionisti, anime belle, pronti col telo a impedire che vadano a sfracellarsi sul selciato.

(14 febbraio 2009)

Niente intercettazioni:
proteggiamo la privacy di «alcuni» cittadini

So che parlare di telefoni con lei, che ci ha pure fatto un libro, è un invito a nozze. Ma dimmi che uso fai del telefono degli altri e ti dirò chi sei. La legge sulle intercettazioni, con buona pace di Alfano, farà respirare l'Italia della malavita. Ma è ancor più strano che sia giustificata con la «difesa della privacy». Questo non è lo stesso governo che autorizza l'accattonaggio telefonico di ditte, imbroglioni, venditori di padelle, furbetti d'ogni risma, tornati a godere di licenza di squillo? Perché dobbiamo sopportare, oltre ai delinquenti, anche i rompicoglioni?

A stare al «Corriere della Sera», il Csm non ha lesinato aggettivi sul disegno di legge per le intercettazioni: «Pericoloso, irrazionale, problematico, distonico, incongruo, incoerente, eccentrico». La legge «non è condivisibile» soprattutto perché potrebbe condurre a impedire o ostacolare le indagini su reati che comportano maggiore allarme sociale. Piccolo Cesare e il suo portaborse Alfano sostengono invece che la legge è stata fatta per proteggere la privacy. Tutto sarebbe più chiaro se modificassero la frase così: «Per proteggere la privacy di alcuni cittadini». Fra i quali, in primo luogo Berlusconi, e, a seguire, violentatori, spacciatori, omicidi, rapinatori, truffatori, estorsori, corruttori, pedopornografi e persino sequestratori di persona a scopo di riscatto o pedofilia. Invece, con decreto approvato del Senato, è stata data via libera agli spot pubblicitari telefonici. Il cittadino è raggiungibile da questa gran camurria anche se si è fatto cancellare dagli elenchi. Il garante della privacy, che nel 2005 bloccò lo sconcio, ora denuncia la vanificazione e la mortificazione del suo lavoro. Ma non lo sa che prima di tutto vengono gli affari?

(15 febbraio 2009)

A volte ritornano.
Il voltagabbanismo politico

Questa volta Clemente Mastella va di là. In futuro, si vedrà. Il posto di parlamentare europeo glielo ha promesso Berlusconi, ma guai a dire che è il risarcimento per aver provocato la caduta di Prodi, perché lui definisce «farabutto» chi lo ipotizza. Dicevo che questa volta Mastella va di là poiché, da sempre, come è noto, una volta è andato di qua e una volta è andato di là. Mastella è una di quelle creature politiche, rare in natura, che sono bipartisan sin dalla culla. Un po' come il doppio zero alla roulette: c'è il rosso, c'è il nero, e c'è Mastella. Meglio vada di là, perché, dovendosi preparare a tornare di qua, i sorci verdi li vedranno di là.

Lei, caro Lodato, se lo ricorda il film *A volte ritornano*? I morti, forse, talvolta, ma i nostri politici stia tranquillo: ritornano sempre e comunque, immarcescibili, per usare l'espressione della bonanima Benito. Le loro eclissi, se accadono, sono brevissime. Poi trovano il modo di tornare, si fa per dire, a brillare. Mastella è il re assoluto di questi zombi, da anni caracolla da uno schieramento all'altro, certe volte da solo, certe volte seguito da tre o quattro deputati di ventura che un giornalista, una volta, definì le truppe mastellate. Mercenari della politica, in altre parole. Mastella andrebbe seriamente studiato come fenomeno di voltagabbanismo italiano, con l'occhio più rivolto al *particulare* che al bene generale. La domanda spontanea è: dato che in Mastella si può riporre la stessa fiducia che in un giocatore delle tre carte, perché continuano a eleggerlo? Non c'è che una risposta: è uomo buono per tutte le stagioni. Però, caro Lodato, ci dobbiamo correggere. Lui non va né qua né là. Non è mai andato con Casini, con Prodi o Berlusconi. È sempre andato e continuerà ad andare solo con il suo particolare tornaconto.

(17 febbraio 2009)

Il benservito a Marino.
Fuoco amico sulla proposta di referendum

Uno dei pochi che avevano combattuto a testa bassa contro la Vandea degli onorevoli crociati della vita in salamoia era il professor Ignazio Marino, chirurgo di fama mondiale e responsabile Pd della sanità al Senato. A Porta a porta *era stato l'unico, come direbbero i penalisti, a parlare secondo scienza e coscienza in un parterre che andava a jukebox. Apro il giornale e leggo che... (cantava Celentano) gli hanno dato il benservito. Lo sostituisce una signora medico che ha dichiarato che avrebbe votato la legge del centrodestra se fosse giunta in votazione! Bene, bene.*

Sostituire un'autorità come Ignazio Marino alla Commissione sanità, con una deputata che aveva già dichiarato la sua disponibilità a votare la legge del piè veloce Silvio su Eluana, dimostra che il Pd a parte la gran voglia di autolesionismo che lo divora – vedi anche il risultato sardo – non ha tenuto in nessun conto la reazione negativa che la sostituzione avrebbe avuto, e ha avuto, presso i suoi sostenitori. C'è di peggio. Marino ha detto che, ove la legge sul testamento biologico venisse approvata così come si profila, sarebbe necessario un referendum abrogativo. Marino è stato subito sottoposto a un robusto tiro incrociato di fuoco amico. La Binetti ha detto che la sola proposta «denota una spinta in senso eutanasico». E ha minacciato di abbandonare il partito. Franco Marini ha dichiarato trattarsi di fantasia di scienziato. E Renzo Lusetti: «Il referendum è fuori da ogni logica». E c'è chi si è spinto a chiedere le dimissioni immediate da presidente della Commissione d'inchiesta sul sistema sanitario. A Rutelli, che ha fatto lo spiritoso sul referendum in assenza della legge, si può rispondere che Marino aveva visto il cosiddetto buongiorno dal cosiddetto mattino.

(18 febbraio 2009)

I tagli di Tremonti e l'aria fritta sulla sicurezza

Continuando a stringere, la vite si spana, perde la filettatura. E con tutto il rispetto, verrebbe da dire che Maroni, annunciando di fronte alla miriade di stupri il settimo o quattordicesimo o ventiduesimo giro di vite, è il primo ministro dell'Interno della Repubblica letteralmente spanato. Autodefinendosi «cattivo», vuole indurre la vite a più miti consigli, ma le leggi della meccanica quelle sono. Come si fa il «giro di vite» quando 650 auto di polizia, a Roma, Napoli, Palermo, sono in garage perché non ci sono i soldi per aggiustarle?

Mi pare di ricordare che una statistica rilevava che il 40 per cento degli stupri è da attribuire a stranieri, extracomunitari e non, mentre il 60 per cento è dovuto a italiani. Ma guarda caso, si mettono in evidenza solo gli stupri commessi da rom e romeni. Di quel 60 per cento di stupratori nazionali, cifra grossa assai, pudicamente si dà notizia quel tanto che basta. Per stare al suo esempio, ogni vite ha la sua calibratura. Mandare nelle città trentamila militari o costituire ronde in ogni dove significa agitare una vite troppo grossa che, vista da vicino, si rivela di cartone. La vite giusta sarebbe quella delle forze dell'ordine. L'anno scorso è apparso un comunicato su «l'Unità» – al quale mai gli altri quotidiani e tv hanno dato rilievo – di tutti i sindacati di polizia, guardie carcerarie, forestali e Cocer dei carabinieri. Si informavano i cittadini dei guasti che i tagli voluti da Tremonti avrebbero comportato per la loro sicurezza. Tra questi, il taglio di quarantamila unità e l'inevitabile fermo del parco macchine. Il che è puntualmente avvenuto. Ora, visto che la vite giusta il ministro Maroni ha collaborato con Tremonti per renderla inservibile, non gli resta altro che spacciare aria fritta.

(19 febbraio 2009)

Tutto ha un limite.
Chi è il mandante del Dracula romeno?

Un Dracula romeno di trentun anni, ubriaco, violenta vicino a Pavia una signora di ottantatré anni, cieca. Della clamorosa notizia si parla – stranissimamente – assai poco. Si può anche parafrasare Cecco Angiolieri: s'i fosse romeno arderei lo mondo... Ma tutto ha un limite. I Dracula romeni, nell'immaginario italiota, sono diventati l'incarnazione del quinto quarto – noi abbiamo un ristorante e sappiamo cos'è – dell'orco, del lupo mannaro, del satanasso. Questa storia non sarebbe una magnifica tigre da cavalcare sulla sicurezza? Qualche Dracula potrebbe agire su commissione? Lei di gialli ne ha scritti, si eserciti.

La domanda è difficile e inquietante. Lei parte dalla constatazione che fra gli stupratori nell'Unione europea la percentuale di romeni è tanto stranamente alta da aver fatto nascere nell'immaginario italiota la convinzione «romeno uguale stupro». Sorge spontanea una domanda: poiché è da ritenere che i romeni non emigrino solo in Italia, essi, negli altri paesi, come si comportano? E se i romeni, in Francia o in Germania, non indossano le sembianze di Dracula, vogliamo domandarcene il perché? Se invece anche lì fanno i Dracula, quali provvedimenti hanno preso quei governi? Comunque non mi pare che in quei paesi il fenomeno sia così allarmante come da noi. Perché? A questo punto, caro

Lodato, lei avanza un dubbio, diciamo letterario, basandosi sulla nota regola che un solo indizio è solo un indizio, che due sono una coincidenza, ma tre rappresentano una prova. Può avere ragione, ma non mi sento di seguirla su questa strada per un motivo semplicissimo: un piano così richiede un'intelligenza fuor del comune e lei, fra quelli che sospetta, ne vede almeno uno dotato di intelligenza superiore alla media?

(20 febbraio 2009)

Tutti chiedono scusa.
Anche l'«irresponsabile» Gasparri

È il tempo delle scuse, del chiedo scusa, del mi scusi. Hanno chiesto scusa gli israeliani per aver fatto colare a picco qualche scuola di troppo. Ha chiesto scusa Gasparri. Ha chiesto scusa Quagliariello; non si riferiva a nessuno quando ha detto: «Eluana è stata ammazzata». Feltri invitava Mentana a chiedere scusa se teneva a Matrix. *Chiede scusa il papà dello stupratore, l'automobilista ubriaco che ha fatto strage. Scuse spontanee. Scuse sollecitate. Scuse barattate. Scuse processuali. Scuse di Stato. Scusate se è poco.*

Un mio lontano parente, gran donnaiolo, trasgrediva i comandamenti che vietano i piaceri della carne. Cattolico praticante, la domenica si confessava e si comunicava. Ma uscendo di chiesa, immancabilmente diceva: «Scancellamu e accuminciamu da capu». Me l'ha fatto tornare in mente tutto il gran scusarsi degli ultimi tempi. Al suo elenco, caro Lodato, sarebbero da fare molte aggiunte, dalle scuse di Tremonti per la bidonata della social card a quelle del papa al popolo ebreo. Da noi le scuse non significano il proposito di non ripetere l'errore o l'offesa, ma tutt'altro. Tradotta dal politichese, l'espressione «mi scuso» significa «aspetta che riprendo fiato e torno a insultarti». Esemplare il senatore Gasparri, che ha chiesto sì scusa, aggiungendo però che credeva di non avere offeso nessuno. Vale a dire che non si era nemmeno reso conto di avere straparlato. Ed è tornato a offendere. Il presidente Fini, che essendo dello stesso partito lo conosce bene, l'ha definito un «irresponsabile». Vedi nel Devoto-Oli, alla voce «irresponsabile»: «Contrassegnato da una patologica incapacità di controllarsi». E uno così continua a fare il capogruppo al Senato? Di altro segno le scuse di Walter Veltroni, seguite da coerenti e sofferte dimissioni. *Rara avis*, avrebbero detto i latini.

(21 febbraio 2009)

Sbatti il mostro in prima pagina.
E con titoli sbagliati

Che titoli avrebbero fatto i tg, all'epoca di Prodi, se gli immigrati avessero incendiato il centro di Lampedusa? Come avrebbe tintinnato la croce celtica di Alemanno alla raffica di stupri, romeni e caserecci, che toglie il sonno alle italiane? Sono buffi gli osservatori tv che rilevano quanti minuti al chilo vengono dati al premier e quanti al leader di opposizione. Perché non spiegano come mai fatti identici, se non peggio, oggi precipitano in quarta fila? È la stampa italiana, bellezza. Ricorda il «caso Girolimoni»?

Il caso Girolimoni rientra nel Guinness delle toppate poliziesco-giornalistiche italiane. Un poveraccio, nel 1927, fu accusato a torto di avere ucciso a Roma alcune bambine. La stampa si accanì, facendone un mostro, il suo nome diventò sinonimo di crudeltà estrema. Quando fu scagionato, il rumore attorno a lui non cessò e Mussolini intervenne per mettere a tacere ogni cosa. Damiano Damiani ne fece un film, *Girolimoni, il mostro di Roma*, interpretato da Nino Manfredi. Nella disgrazia, Girolimoni ebbe una sola fortuna: ancora non c'era la tv. Se l'immagina come ci avrebbe sguazzato Bruno Vespa? E ricorda, a Roma, quel padre accusato d'avere violentato la figlia di pochi mesi e sbattuto in galera e in prima pagina? Risultò che la piccola non era stata violentata, ma era gravemente ammalata, tanto che poco dopo morì. C'è poi un'aggravante tutta italiana: fare titoli che affermano una cosa antitetica a quella scritta nell'articolo, e si sa che, fra i pochi che leggono i giornali, un'alta percentuale si ferma ai titoli. A scanso d'equivoci: non si intende minimamente invocare restrizioni alla stampa; ma solo invitarla a una doverosa correttezza. E correttezza vorrebbe che ciò che ha pesato tanto sul governo Prodi pesasse altrettanto sul governo Berlusconi.

(23 febbraio 2009)

Le profezie di Prezzolini e la crisi di oggi

Scriveva Giuseppe Prezzolini, conservatore tutto d'un pezzo, né barricadero, né girotondino nel suo Ideario di mezzo secolo fa *(1958): «Gli italiani se la cavano abbastanza bene nella confusione di modi e mode, e mostrano di essere gli eredi di una loro tradizione di sveltezza e accomodamento che li ha resi famosi come un popolo dei più elastici [...]. Mi domando [...] quanto potrà durare una situazione che mi sembra già arrivata alla tensione». Nel 1960: «Ho ammirazione per il popolo italiano [...] lieto di crescere sotto un non leggero strato di letame politico e burocratico». Profetico? O sottovalutò l'elasticità?*

Spendiamo qualche parola su Giuseppe Prezzolini, critico, giornalista, saggista, con il merito di avere diretto per diciassette anni la rivista «La Voce», che assai influì sulla cultura italiana nei primi decenni del Novecento. Poi, insegnò negli Usa. Tornò in Italia nel dopoguerra, morì nel 1982. Conservatore nazionalista, reazionario, uomo di destra, ebbe caute simpatie per il fascismo e i regimi totalitari. Il «letame» al quale si riferisce è quello degli anni intorno ai Sessanta. Difficile dargli torto. Lo stesso letame che, qualche decennio dopo, i magistrati milanesi avrebbero tentato di spazzare via. I magistrati, non la maggioranza degli italioti, che nel letame si crogiolava. È stato sempre per un intervento esterno che si è spezzato l'elastico che altrimenti si sarebbe allungato all'infinito. Come era capitato col fascismo, quando ad allungare l'elastico, sino al punto di rottura, era stata la guerra. Sotto l'attuale, non leggero strato di letame, la maggioranza italiota pare, ancora, trovarsi benissimo e intenzionata a volerci restare per anni. Ma la crisi finanziaria ed economica che scuote il mondo forse, a breve, la costringerà a emergere e prendere una boccata d'aria buona.

(24 febbraio 2009)

Il Pd ha un nuovo timoniere.
Ma la barca non va

Il Pd ricomincia l'avventura, si affida a Dario Franceschini, senza primarie, ma con elezioni plebiscitarie in Assemblea costituente, con tantissimi sì, qualche no e ni. Come dicono gli inglesi, la bontà del budino si vede tre giorni dopo averlo assaggiato, ma qui, che di politica si tratta, i tre giorni del budino sono da intendersi in maniera più estensiva. Solo che al Pd non sono più concessi tempi sesquipedali. Le propongo un gioco. Che cosa metterebbe dentro l'Arca di Noé di questo Pd al bivio? Riprendere il largo o insabbiarsi come una nobile balena a fine corsa?

Caro Lodato, ma come mi posso permettere di dare consigli al neosegretario di un partito al quale tra l'altro non appartengo, anche se mi sta molto a cuore? Se è per fare un gioco però, pur non avendo voglia di giocare, dati i tempi bui che viviamo e che vivremo, allora le rispondo così: non penso sia il caso di gremire ancora di più l'Arca, già fin troppo affollata, ma semmai quello di sfoltire. Soprattutto il ponte di comando. Perché, oltre al timoniere, sopra quel ponte mi sembra che ci stiano troppi che non hanno nessun diritto di starci. E suggeriscono rotte diverse, manovre azzardate, cambio di vele al minimo mutar di vento. Ma così la barca non va, rischia di arenarsi o di sbattere contro gli scogli. Il comandante di una nave, un tempo, era detto «capitano dopo Dio». Il suo volere non poteva mai essere discusso, ogni proposito contrario era tacciabile di ammutinamento. Il trattamento riservato agli ammutinati era quello di metterli dentro una barchetta e abbandonarli in mare. Allora, sempre in metafora: l'emendamento della «nostromo» Finocchiaro sul testamento biologico non è stato votato da alcuni componenti della sua ciurma. Vogliono fare una «nave senza nocchiero in gran tempesta»?

(25 febbraio 2009)

Franceschini e Tarsitano:
partigiani della democrazia e della Costituzione

In ricordo di Fausto Tarsitano, avvocato gentiluomo, Pino Zupo, suo allievo e collega di tante battaglie processuali, ha riferito la definizione che di Tarsitano diede un altro avvocato: «Era un palombaro delle carte». Palombaro delle carte, come dovrebbe essere un avvocato, come dovrebbero essere tutti. La definizione riecheggia la scelta di Dario Franceschini di giurare sulla Costituzione. Come dovrebbero fare tutti i politici. Gettare l'ancora della Costituzione, allora, è autentico gesto da «palombari della democrazia».

Innanzitutto, la ringrazio per aver ricordato Fausto Tarsitano, eccezionale figura d'uomo e di avvocato. Che Franceschini abbia sentito la necessità di giurare sulla Costituzione è un gesto che è piaciuto molto. Tanto che Berlusconi si è affrettato a proclamare che anche lui aveva giurato sulla Costituzione. C'è però una piccola differenza. Per il presidente del Consiglio e i suoi ministri quel giuramento è d'obbligo, mentre per il segretario di un partito non lo è. Quella di Franceschini è stata una scelta spontanea e più che un giuramento è apparsa come una dichiarazione di fedeltà e di difesa della Costituzione. Una volta, oltreoceano, i testimoni, in processo, giuravano sulla Bibbia, ciò non toglieva la presenza di una gran quantità di spergiuri. Da noi molti politici hanno giurato sulla Costituzione, ma per tanti si è trattato solo di un gesto formale, come avrebbero dimostrato i loro atti e discorsi. Berlusconi dice che la nostra Carta è da riformare perché ispirata dalla sinistra filosovietica. In realtà vuole scassinarla per modificarla ai suoi fini, usando l'inceppato grimaldello dell'anticomunismo. Franceschini è di un'altra razza: figlio di un partigiano, sa di che lacrime grondino, e di che sangue, quelle pagine. Meritano perciò rispetto assoluto.

(26 febbraio 2009)

Da De Gasperi a Berlusconi
in cento anni di storia

Quando scrivemmo La linea della palma *(Bur 2002), lei mi raccontò di un eminente biologo che era stato suo ospite, anni or sono, della trasmissione Rai Arti e Scienze. Lo scienziato, parlando dell'evoluzione, spiegò che i cavalli, in origine nani, si erano evoluti sino alla grandezza odierna. Ma che bastava un niente, disse lui, una disattenzione, una pausa, perché tornassero nani. E lei, in quel libro intervista, adoperò quella metafora a proposito degli italiani sotto il regime berlusconiano. Quel nonnulla è già accaduto?*

Sento un certo allarme nella sua domanda, caro Lodato. Non vorrei ricordare male, sono passati tanti anni, ma quel professore mi pare che dicesse come l'eventuale regressione alla nanità dei cavalli sarebbe stata resa possibile oltre che da un «nonnulla» anche dal fatto che la crescita del cavallo era avvenuta linearmente, senza intoppi. E che quindi, proprio per questa linearità, il percorso inverso sarebbe stato più veloce. Ora lei crede che il cammino di crescita degli italiani sia stato altrettanto lineare? Se consideriamo tutto quello che è accaduto in Italia nel secolo scorso, la strada appare più accidentata di una trazzera terremotata. Dalla democrazia siamo passati alla ventennale dittatura fascista; dopo la Resistenza siamo caduti sotto i governi della Dc e dei suoi alleati; da questi ultimi a Berlusconi. Cento anni di storia che sono tutti un passo avanti e due indietro. Che siderale distanza intercorre tra la nobiltà, la dignità, la fermezza del discorso di De Gasperi ai vincitori dell'immediato dopoguerra e il discorso di Berlusconi al Parlamento europeo, quello del «kapò», per intenderci. No, caro Lodato, non si preoccupi. Non c'è la possibilità di tornare nani. Ma pigmei, questo sì.

(27 febbraio 2009)

Berlusconi, il ridicolo e l'Ammazzasette

I dizionari vanno aggiornati: il berlusconismo li ha fatti invecchiare. Dal Tommaseo allo Zingarelli, dal Devoto-Oli al D'Anna al De Mauro, riportano tutti la definizione di «ammazzasette»: «Che ammazza, ossia uccide sette persone in un colpo, e quindi bravaccio, smargiasso, trombone, spaccamontagne, ciarlatano, ballista, millantatore...». Berlusconi si vanta di avere fatto fuori fra gli otto e i nove leader dell'opposizione. Berlusconi ambisce al titolo di «ammazzaotto», «ammazzanove», parole che però sui dizionari non ci sono.

La figura dell'Ammazzasette è stata sempre estremamente comica. Capostipite ne è il plautino *Miles gloriosus*, soldato vanaglorioso che finisce cornuto e mazziato. Da lui discendono i «Capitani» della Commedia dell'arte, dai nomi che fanno tremare: Capitan Spavento, Matamoro, Fracassa, Terremoto, Sbranaleoni. Coraggiosi a parole, son sempre pronti a darsela a gambe. Non assurgeranno alla dignità di maschera, come Pantaleone o il Dottore, rimarranno macchiette. Come lo sono nella vita. Invece i «Capitani», che in realtà sono re, che si incontrano nell'*Orlando Furioso*, come Gradasso o Rodomonte, sono guerrieri coraggiosi destinati, dai e dai, a morire in duello. Gradasso per mano di Orlando, Rodomonte viene prima battuto da una donna e poi ferito a morte da Ruggero: «Bestemmiando fuggì l'alma sdegnosa / Che fu sì altiera al mondo e sì orgogliosa». Però Berlusconi è un personaggio della vita reale. E a mio avviso non è solo un ridicolo Ammazzasette. Si ricorda, caro Lodato, di Francesco Ferrucci a Gavinana? Giaceva a terra gravemente ferito e un tal Maramaldo ne approfittò per vibrargli l'ultimo colpo. «Tu uccidi un uomo morto» gli disse Ferrucci. Non le sembra che Berlusconi spesso agisca, oltre che da Ammazzasette, anche da Maramaldo?

(28 febbraio 2009)

Marzo

Quando i giornali sono la mosca al naso dei politici...

A me non piacciono i politici che, avendo da ridire su una cronaca che li riguarda, vanno in conferenza stampa brandendo il giornale incriminato. Esistono rettifiche, lettere aperte, precisazioni, forme civili e previste, nella carta stampata, per raggiungere lo scopo. In questi quindici anni si era visto solo Berlusconi brandire quotidiani o emettere editti bulgari. Che simili teatrini facciano scuola fra le fila dell'opposizione è un brutto segno. Mi riferisco a Rutelli, che agitando «l'Unità» ha sparato a zero contro uno di quei rarissimi giornali che scrive quello che gli pare.

Non piacciono nemmeno a me, caro Lodato. Ma devo constatare con lei che il costume, anzi il malcostume, si va diffondendo dalla maggioranza all'opposizione. Ci sono tre spiegazioni possibili. La prima è che i toni quotidiani dello scontro politico, quasi sempre violenti e sopra le righe, abbiano gravemente alterato l'equilibrio nervoso di chi a quello scontro partecipa. Spesso i politici cadono nel ridicolo perché si sentono saltare la mosca al naso quando non c'è l'ombra di una mosca nelle vicinanze. La seconda è che talvolta un articolo di giornale, magari involontariamente, va a sfiorare qualche dolente radice nascosta o un segreto proposito da tenere celato. Allora, apriti cielo! L'unica difesa possibile del politico è quella di aprire un formidabile fuoco di sbarramento che impedisca di procedere oltre su quella strada. La terza è la più semplice: che il giornalista abbia detto una cosa giusta ma che in quel momento non andava detta. «L'Unità», poi, ha il brutto vizio della verità. Un vizio che in tempi come questi può costare caro perché chi oggi dice la verità rischia di essere «spiacente a Dio e a li nimici sui». Però, nel caso specifico, è sempre meglio perdere il pelo che il vizio.

(1° marzo 2009)

La ronda all'epoca di Rembrandt: droghieri, funzionari, commercianti...

«Rondando rondando che male ti fò?» Sembra questo il ritornello stupito dei cavalieri dell'Apocalisse, i Maroni, i Calderoli, i Cota, che hanno consegnato le città a branchi di bandoleri stanchi con la voglia di menar le mani. Neanche il fascismo abdicò al suo diritto-dovere di controllare l'Italia. Ora invece a mezzanotte andrà la ronda del potere... e non sarà al passo del tango delle capinere... Vedremo le facce dei rondisti quando inizieranno a razzolare. Che faranno? Faranno da cintura di castità attorno alle coppiette che si danno appuntamento nei parchi.

A proposito di ronde. Ha presente il celebre dipinto *La ronda di notte* di Rembrandt? Uno storico dell'arte, Simon Schama, ha dato un nome e un cognome a tutti i presenti nel dipinto. Erano commercianti, droghieri, piccoli funzionari o nullafacenti o con qualche piccola condanna. Sedici di loro pagarono fior di gulden per esservi raffigurati in improbabili pose marziali. Ma fra tanta marzialità, Rembrandt sembra strizzarci l'occhio. Ora con un elmo troppo largo che trasforma il rondista in un clown, ora con l'incongrua presenza d'una bambina che tiene stretto un pollo, ora con un luogotenente tanto leccato che pare un indossatore dell'epoca. Peccato che George Grosz non ci sia più, sarebbe stato il ritrattista ideale dei nostri rondisti. Sono indignato da questa idea delle ronde che dimostra quanto Berlusconi sia Bossidipendente: nasce da persone che non hanno nessun senso dello Stato e che con questo progetto ne minano ulteriormente l'autorità. Lo Stato deve rafforzare le forze dell'ordine, anziché operare tagli dissennati che impediscono loro di agire. Leggo anche che queste ronde potrebbero essere sovvenzionate da privati. E a quando il felice avvento dei cosiddetti «signori della guerra» con i loro eserciti personali?

(3 marzo 2009)

Le mille balle di Berlusconi, unico premier eletto sulla sfiducia

Parola di Obama: «Entro il 31 agosto 2010 la missione in Iraq finirà». Parole inequivocabili! Tommaso Buscetta, qualche mese prima di morire, mi disse: «Quando gli americani guardano gli uomini politici in tv sanno che se il politico dice di voler fare una cosa farà il possibile, ma se dice il contrario vuol dire che non la farà. Da noi, no: l'italiano sa che il politico dice proprio il contrario di quello che pensa». La sostanza delle cose non gli sfuggiva.

Anche se mi porta l'autorevole avallo di Buscetta, lei, caro Lodato, non mi dice niente di nuovo. Tutti i politici degli altri paesi, e quindi non solo americani, sanno che se non mantengono le promesse, o non vengono rieletti o sono costretti alle dimissioni. A volte si dimettono preventivamente: veda per esempio il ministro dell'Economia tedesco che ha rassegnato le dimissioni perché, a sessantacinque anni, sentiva di non avere più l'energia per affrontare i problemi della grande crisi attuale. Non solo: ma arrivano anche a precisare, come ha fatto Obama, mese, giorno, e a momenti il minuto, in cui manterranno l'impegno. Nel nostro perenne carnevale, le cose vanno diversamente. Berlusconi è dal primo governo del 1994 che promette mari e monti agli italiani: non è mai riuscito a mantenere neanche il dieci per cento delle sue promesse. E non ha mai dato la colpa dei suoi fallimenti a se stesso, ma ha sempre invocato giustificazioni indipendenti dalla sua volontà: i freni posti dagli alleati, gli effetti dell'11 settembre, lo tsunami... Il fatto è che l'Italia è un paese inverso. Mentre i politici stranieri sono eletti sulla fiducia, Berlusconi è eletto sulla sfiducia. Gli italiani sanno benissimo che non manterrà le promesse, che racconta solo balle mirabolanti, eppure continuano a illudersi. Avranno, purtroppo, un risveglio tristissimo.

(5 marzo 2009)

L'olio di ricino?
Molti giornalisti già lo ingoiano da soli

Leggo su Wikipedia, alla voce «olio di ricino»: «Durante la dittatura fascista l'olio di ricino fu uno degli strumenti di tortura impiegati dalla Camicie nere. [...] I dissidenti e gli oppositori presi di mira venivano obbligati a ingerirne grandi quantità, provocando gravi sofferenze gastroenteriche, diarrea e disidratazione che potevano condurre le vittime alla morte. Il mezzo di tortura fu ideato da Gabriele D'Annunzio, durante l'occupazione di Fiume». Ce lo vede Gasparri con l'imbuto in mano che fa trangugiare olio di ricino ai giornalisti non allineati? E sente nell'aria odore di olio di ricino?

L'olio di ricino era un purgante in uso almeno sino agli anni Trenta e credo sia stato il purgante ufficiale durante la Guerra del '15-18. Da piccolo mi è stato propinato in minime dosi da mia madre, che poi passò al calomelano, una specie di cioccolatino amarissimo, altrimenti detto «il bel nero». Il sapore dell'olio di ricino era abominevole, quasi quanto quello dell'olio di fegato di merluzzo. Il ricino aveva effetti immediati e dirompenti. Apprendo da lei che il primo a farne un uso, diciamo così, improprio è stato D'Annunzio a Fiume. Può darsi, perché D'Annunzio la Grande guerra l'aveva combattuta. Va ricordato che al fascismo il Vate nazionale fece un altro regalo, quell'incomprensibile «eja, eja, alalà» che costituiva il saluto al Duce. Gli squadristi usavano l'olio di ricino contro avversari isolati e inermi, in genere di età avanzata, per dileggiarli e umiliarli: splendido esempio di assoluta vigliaccheria. Lei mi chiede se ce lo vedo Maurizio Gasparri con in mano l'imbuto e il bottiglione d'olio di ricino. Le rispondo che non ce lo vedo, perché non ce n'è più bisogno: sono talmente tanti i giornalisti che l'olio di ricino lo ingoiano di loro spontanea volontà! Per i rari dissenzienti non serve sprecarlo.

(6 marzo 2009)

La nostalgia canaglia dei colonnelli di Fini, successore di Almirante

A Giorgio Almirante, negli ultimi anni, i panni di Almirante vennero stretti. Almeno a credere a Daniele Protti, direttore de «L'Europeo», che svela una parte dell'intervista (risalente al 1980) al capo del Msi tenuta segreta per quasi trent'anni. L'uomo politico, che in anni duri fu bollato a sinistra come «fucilatore di italiani»: «Non voglio morire da fascista. Sto lavorando per individuare chi dovrà prendere le redini del Msi dopo di me [...]. Non fascista, non nostalgico. Che creda, come me [...], in questa Costituzione». Ambiva a una seconda vita (politica). Per Gasparri occorrerebbero reincarnazioni indù, quelle che durano millenni, per intenderci.

L'intervista del giornalista Protti, sia pure pubblicata trent'anni dopo, tutto sommato sembra offrire un'ottima pezza d'appoggio a Fini. Il successore che Almirante cercava, quando ne disegnò a Protti le caratteristiche, è il ritratto sputato di Fini. Ma vede, caro Lodato, a quanto hanno riferito alcuni giornali, sembra che Almirante non faccia più parte del Pantheon di An. Perché la verità è che molti tra gli ex colonnelli di Fini, una volta immobilizzato il loro capo in quel mausoleo che è la presidenza della Camera, si sono sentiti liberi di ridarsi sulla pelle una bella passata di colore nero. Il loro essere nostalgici trapela a ogni occasione. Sono nostalgici dell'uomo forte, e diventano succubi di un simulacro di uomo forte come Berlusconi. Sono nostalgici del razzismo e, non potendosela più prendere con gli ebrei, perseguitano rom ed extracomunitari. In quanto a Gasparri... perché suppone che fra migliaia d'anni possa rinascere cambiato? Le vorrei ricordare un modo di dire delle mie parti: «Cu nasci tunnu nun po' muriri quatrato». Chi nasce tondo non può morire quadrato. No, Gasparri resterà, in vita e in morte, sempre tondo. Con la D, Lodato, mi raccomando...

(8 marzo 2009)

Ingratitudine e volubilità.
Il taxista romano e i difetti degli italiani

Ai funerali di Luigi Petroselli, sindaco di Roma (1981), fu cospicua la rappresentanza dei taxisti. Lo consideravano «uno di loro». La settimana scorsa mi è capitato di salire su una ventina di taxi e tutti ce l'avevano con Veltroni per aver concesso 2500 licenze. Possibile che non mi sia capitato neanche uno di quelli freschi di licenza? Il taxista romano è come il vaso di Plotino, le cui verità teologiche sgorgano per emanazione del sentito dire dei clienti? O è lui il gran regista del chiacchiericcio qualunquista? Va bene il fine corsa, un po' meno la fine della gratitudine.

Grazie per l'occasione di ricordare Luigi Petroselli, uno dei grandi sindaci di Roma, amato e stimato da tutti, non solo dai taxisti, che per lui facevano un'eccezione. Almeno a Roma, i taxisti hanno due particolarità: si lamentano con il cliente per il traffico, cosa comprensibile, ma se il cliente ha altro per la testa e glielo fa capire, si vendicano accendendo la radio ad alto volume. Poi criticano sempre il sindaco che in quel momento è in carica, a qualsiasi partito appartenga. E dal sindaco passano a mettere in discussione il presidente del Consiglio, il capo dello Stato, l'Europa, l'America, il mondo. Anch'io li ho sentiti infurentiti contro Veltroni, e infatti sono stati fra i grandi elettori di Alemanno. Ora cominciano a essere delusi anche da lui. Non credo si tratti di riconoscenza o irriconoscenza; penso, piuttosto, che in loro si condensi la quintessenza delle caratteristiche italiane, come la volubilità delle opinioni, sostanziale qualunquismo, non celato razzismo, perenne supponenza. Ci sono le eccezioni, naturalmente. Ma se uno straniero mi chiedesse chi scegliere nel campionario per fare un ritratto dell'italiano, fra i primi indicherei un taxista romano.

(9 marzo 2009)

Se governa Berlusconi, lo stupro vale meno.
Come nell'era Minculpop

Facciamoci i complimenti da soli: ricorda che definimmo buffi (23 febbraio) gli osservatori tv che non ci spiegano perché all'epoca di Prodi la «nera» veniva sbattuta in prima pagina e oggi – invece – molto meno? Ecco la risposta: durante i due anni di Prodi il peso della «nera» raddoppiò, oggi è dimezzato. Zampa (Pd): «Ce ne siamo accorti a spese degli italiani». Caselli: «Mali ingigantiti». E i diretti interessati? Cantano come usignoli. Mimun (Tg5): «Un'idea che lascia il tempo che trova». Mazza (Tg2): «Imputare ai tg il fallimento delle elezioni non è accettabile». Giordano (ex Studio Aperto): «Impiegando la nera in chiave politica si fa un pessimo servizio». Ma davvero?

Niente di nuovo sotto il sole, caro Lodato. Durante il fascismo, gli ordini che il Minculpop inviava ai direttori di giornali erano severissimi: vietavano di riportare fatti di cronaca nera come furti, rapine, omicidi. L'Italia fascista doveva sembrare il migliore dei paesi possibili. Persino i nostri commediografi, se volevano raccontare un adulterio o un omicidio, li ambientavano all'estero. Si vede che qualche traccia di Minculpop si è trasmessa nel dna di molti giornalisti di oggi. Durante il governo Prodi hanno talmente enfatizzato i reati contro la sicurezza che la sconcia campagna è rimasta nella nostra memoria, anche se siamo un popolo di smemorati. Ora che gli stupri si moltiplicano e l'insicurezza dilaga, gli stessi giornalisti non possono fare altro che mettere la sordina alle loro trombe per favorire coloro che, da Berlusconi ad Alemanno, ci avevano promesso un'Italia da bere, come la Milano di una volta. E per giustificare la loro supina acquiescenza, a questi giornalisti non resta che l'arrampicarsi sugli specchi. Che, come ognuno sa, è tentativo che non riesce mai.

(10 marzo 2009)

Protagonisti a tutti i costi.
La sindrome da talk show

I talk show trattano temi differenti, ma si affidano allo stesso circo di ospiti che con la liana saltano da un canale all'altro. Con il risultato buffo che, se si parla di padre Pio, l'ospite rivela che un giorno lo intravide da qualche parte; se il tema è la pedofilia, rivela d'esser stato molestato a dodici anni dallo zio; se il conduttore consiglia mobbing, la medesima persona dice la sua sui «difficili» inizi di carriera; ricorda che si svegliò dal coma con note di Bach; del fratellastro che gli rubò l'eredità; di quando si ritrovò con lo squalo a tu per tu. Benvenuti a Spot Hospital.

Il fenomeno di cui parla, caro Lodato, è quello del protagonismo a tutti i costi. Protagonismo che la tv esalta oltre ogni misura. Nel secolo scorso, con l'avvento del cinema e poi della tv, la nostra epoca fu detta «l'epoca dell'immagine». L'attuale è «l'epoca dello spettacolo». Omicidi, guerre, stupri, politica, crisi economica, Borsa, tutto fa brodo per fare spettacolo. E nel talk show, il partecipante deve per forza proporsi come attore protagonista. Così racconterà, per seguire il suo esempio, come, violentato a dieci anni da un negro a quindici fu travolto da un pirata della strada, come rimase in coma per tre anni e a diciotto fu risvegliato dall'apparizione di padre Pio. Se il conduttore lo lascia ancora parlare, racconterà che la moglie albanese è scappata con un romeno portandosi via il figlioletto. Quando ero allievo regista all'Accademia nazionale di Arte drammatica, il presidente Silvio D'Amico, grande critico teatrale, ci spiegava che l'attore voleva sempre mettersi al centro dell'attenzione generale. E concludeva: «Se un attore partecipasse a un funerale, vorrebbe essere lui il morto». I degenti dello Spot Hospital la pensano allo stesso modo.

(11 marzo 2009)

Se questore e prefetto scelgono le ronde alla sagra del peperone

Che a Treviso il questore e il prefetto assistano ai corsi per ronde di tal Remo Sernagiotto, capogruppo Pdl alla Regione Veneto, dimostra che siamo al proverbiale «liberi tutti». C'è imbarazzo ai vertici delle forze dell'ordine. Ora la tesi di qualcuno è che i funzionari siano caduti in un trappolone propagandistico di quelli del Pdl, ma, anche se così fosse, non ci farebbero una gran bella figura. Che un sol Sernagiotto sia riuscito a mettere nel sacco il fior fiore delle nostre polizie fa cascare le braccia.

Il questore e il prefetto di Treviso, intervenuti a Crocetta del Montello all'inaugurazione della scuola per i «volontari della sicurezza», meglio noti come rondisti, non sono da biasimare, ma da elogiare. I sindacati di polizia che hanno protestato sono in errore. Il questore e il prefetto hanno dimostrato di avere l'occhio lungo. Sono certi che il ministro Maroni, nel suo tentativo di dare uno status legale alle ronde, renderà obbligatoria la presenza delle autorità a ogni cerimonia di queste nuove quadrate legioni. Anzi. Pare che sogni di vederle sfilare il 2 giugno per la Festa della Repubblica. Credo che i rondisti porteranno incremento più che alla sicurezza, all'attività delle osterie e dei bar notturni. I primi risultati non sono certo incoraggianti, se la polizia ha dovuto scortare i rondisti a Napoli e a Milano. Perciò non è vero che non servono a niente: servono a impegnare inutilmente le scarse e malpagate forze dell'ordine costrette a far da balia agli eroici volontari. Il forzaitaliota Sernagiotto, organizzatore del corso educativo, sostiene che era dovere del prefetto e del questore presenziare alla manifestazione. E si domanda: «Dove altro sarebbero dovuti andare? Alla sagra del peperone?». Sì, sarebbe stato infinitamente meglio.

(12 marzo 2009)

Perché votare? Basta fare anghingò.
Aspettando il ponte con la Sardegna

Ora Berlusconi vuole che a votare in Parlamento siano solo i capigruppo, non più i singoli onorevoli. Se passa la proposta – ma Fini è disgustato – a giocare sarebbero in tre, e senza neanche il morto: quello del Pdl, quello dell'opposizione e il caporonde. Ceauşescu e Kim il Sung, Bokassa o Stalin, Saddam o Benito, ebbero ritratti nei luoghi pubblici, statue a grandezza naturale, persino sontuosi mausolei, ma la boiata che tante chiorbe, per dirla alla toscana, si fondessero in una chiorba sola, non venne loro in mente.

Penso che quest'ultima alzata d'ingegno di Berlusconi nasca dal fatto che i deputati del Pdl non sono altro che degli *yesmen*, e si sente autorizzato a credere che tali siano anche i parlamentari degli altri partiti, ma, ragionandoci sopra con mente scevra da pregiudizi, la proposta di Piccolo Cesare promette sviluppi positivi. Se a votare in Parlamento saranno solo i capigruppo, perché non si abolisce il gruppo e resta solo il capo votante? Che bisogno c'è di fare eleggere centinaia e centinaia fra deputati e senatori? Le leggi verrebbero votate in un'oretta scarsa. In caso di parità, lo stallo si potrebbe risolvere con un giro di anghingò. E perché chiamare gli italiani al voto? Basterà che le segreterie politiche comunichino il nome del loro candidato capogruppo agli iscritti e ai simpatizzanti, i quali potranno dare, o no, il loro consenso attraverso sms, e-mail, telefonate. E non ci sarebbe più necessità di palazzi come quelli del Senato e della Camera; i capigruppo potrebbero riunirsi nel bar qui vicino. I palazzi si potrebbero vendere per farne alberghi di lusso. Pensate che risparmio e che guadagno! Basterebbero a finanziare non solo il ponte sullo Stretto, ma anche quello con la Sardegna che, prima o poi, Berlusconi certamente proporrà.

(13 marzo 2009)

Blazer o doppiopetto?
La crisi al tempo di Piccolo Cesare

Disoccupati, cassintegrati, precari sul lastrico, barboni, morti di fame che siano, che possono fare al tempo della crisi? Carlo Rossella ha idee brillanti come diamanti: «I tempi sono cambiati. A Miami comprerò solo qualche camicia. È il momento di abbandonare lo spreco: meno cashmere e più lana, meno pantaloni di sartoria e più jeans, no al doppiopetto in grisaglia, sì al blazer». Lei non ha nostalgia del mondo del varietà, quando si tiravano le torte in faccia?

Non capisco la sua ironia, caro Lodato. Non sa che i barboni indossano abiti da straccioni appositamente confezionati dai grandi stilisti? E che le stoffe di questi abiti costano un patrimonio? Altro che cashmere e grisaglia! Sono quelle stesse stoffe, preziosissime e rare, con le quali Karzai, ha presente?, si fa fare i vestiti. E non sa che ci sono regolari sfilate di moda a ogni mutar di stagione? Sotto i ponti o nelle baraccopoli? E certamente è anche all'oscuro della nuova linea per cassintegrati che Dolce&Gabbana si apprestano a lanciare sul mercato. Carissimo amico, le confesso che sono molto sgomento per l'assoluta superficialità che Piccolo Cesare e i suoi accoliti dimostrano di fronte alla reale portata di questa crisi. Lasciamo perdere Piccolo Cesare, che ha gli occhi accecati dai suoi miliardi, ma gli altri come fanno a essere così in malafede? Lei cita le torte in faccia. Ma le torte in faccia erano gag che facevano ridere. Questi ci tirano in faccia oggetti contundenti, pietre e bulloni che fanno male. E che suscitano anche molta rabbia. Costoro non vivono più nella realtà quotidiana, ma dentro quella realtà virtuale che Piccolo Cesare ha creato per sé e per i suoi. Davanti alla fame, alla povertà, al disagio economico, non c'è però virtualità che tenga.

(14 marzo 2009)

Niente inciuci.
Così Franceschini ribatte
colpo su colpo a Berlusconi

De profundis per l'inciucio. Chissà cosa combinerebbe Berlusconi se dovesse vincere le europee. È il concetto espresso da Franceschini, che ha definito «clericofascista» Berlusconi, il quale lo aveva definito «cattocomunista». Franceschini ci fa correre un brivido gelido lungo la schiena, visto ciò che Berlusconi, che ancora non ha vinto, dice, dichiara, propone, progetta, congettura, almanacca, fa, trama, dispone, ordina, smentisce. Ma Franceschini ha il merito, quasi rivoluzionario, di non cedere alla tentazione dell'inciucio. Tante uova di Colombo sono state scoperte quasi per caso. Che ne pensa?

Penso che Franceschini stia mettendo a fuoco il giusto modo di fare opposizione. Da un lato fa proposte concrete che mettono il governo in imbarazzo, come l'assegno ai disoccupati, reperendo la copertura necessaria con una dura lotta all'evasione fiscale. Il no del governo è stato stupefacente: sarebbe un incentivo per i licenziamenti. Come dire: non diamo soldi alla sanità se no le malattie aumentano. Dall'altro Franceschini reagisce colpo su colpo alle ingiurie di Piccolo Cesare, non gliene lascia passare una. Dato che Piccolo Cesare parla a ruota libera, è bene che le risposte che gli vengono date sottolineino il suo sproloquiare. Franceschini trema all'idea di quello che farà Berlusconi se stravincerà le europee. E c'è da esserne seriamente preoccupati. Il suo delirio di onnipotenza è ormai pericolosamente vicino all'incontrollabilità. Metterà mano alla Costituzione, ai poteri del capo dello Stato, del Parlamento, del Csm, travolgerà giustizia, libertà d'informazione, ogni cosa che possa dargli il minimo fastidio. La sua pericolosa ambizione non ha né freni né limiti. Piccolo Cesare, quello vero, ai suoi tempi non era chiamato il Nemico pubblico numero uno?

(15 marzo 2009)

Troppo Viagra al Nord.
E la Lega cade nel delirio d'impotenza

Doccia scozzese sulle virili popolazioni padane. L'Homo Nordicus va avanti a Viagra con dosi triple rispetto all'Homo Mezzogiornus. La scoperta è di Davide Caparini, parlamentare Lega Nord che ha il merito di aver divulgato la tutt'altro che lieta novella: «Dal 1998 al 2005 a Brescia sono state consumate dalle tre alle quattromila pillole di Viagra ogni mille persone. A Potenza, il consumo è stato di 991 per lo stesso numero di persone». Insomma: il trinomio lavorare, pagare e tacere rischia di fare mestamente rinfoderare lo spadone del Barbarossa. Il celodurismo logora chi non ce l'ha.

La giustificazione che l'onorevole Caparini fornisce per spiegare l'ingente consumo di Viagra al Nord, addirittura il triplo che al Sud, non ci convince. Egli sostiene che il fenomeno delle défaillance, o più volgarmente del far cilecca, è dovuto al fatto che la gente del Nord ormai è usurata dall'aver dovuto sempre lavorare, pagare e tacere. E per questo ora deve ricorrere all'aiutino. Dalla geniale intuizione di Caparini consegue, a rigor di logica, che la gente del Sud può dedicarsi allegramente al sesso, diciamo così naturale, perché non lavora, non paga le tasse e se ne sta tutto il giorno al bar. La solita visione aberrante e offensiva che i leghisti hanno dei meridionali. E per far raddrizzare i loro cervelli non c'è Viagra che tenga. Comunque, *quantum mutatus ab illo* è il padano! Bossi nei comizi proclamava il celodurismo e sottolineava le sue parole con un allusivo gesto del braccio. Ora, per bocca di un onorevole, confessano di consumare quintali di Viagra per mantenersi all'altezza del loro passato. E quando, con la terribile crisi che avanza, non avranno più i soldi per comprarlo, come se la caveranno? Nell'eventualità, suggerirei di fare un viaggetto tonificante al Sud.

(17 marzo 2009)

Riparte la speculazione edilizia. E se il «cumenda meneghino» tornasse costruttore?

Da una cronaca su Berlusconi a Cernobbio: «Si agita sulla sedia. Si sistema la cravatta. Si tocca il naso... E, mai visto prima, prende appunti prima di intervenire. "Si è stufato" confida un sodale... Un po' si sente la nostalgia dichiarata per il mestiere dell'imprenditore fare il paio con i lamenti per lo stato in cui versa la pubblica amministrazione: "Utilizzo i soldi pubblici come se fossero miei. Scrivo gli appunti sul retro bianco di fogli già usati"». Non riesce più a sentirsi imprenditore fra imprenditori, politico fra politici. Un bel problema.

La fenomenologia di Silvio Berlusconi, rubando a Umberto Eco il titolo di un suo scritto dedicato a Mike Bongiorno, è quella tipica del cumenda meneghino, elevata all'infinito. Il cumenda, dal quale molti comici hanno ricavato macchiette esilaranti, è quello del «ghe pensi mi», quello che crede che se non ci fosse lui a pensare a tutto, non solo Milano, ma l'Italia intera andrebbe in malora. Spesso e volentieri il cumenda si atteggia a vittima delle circostanze che lo costringono a un attivismo frenetico. Se stesse per lui, passerebbe le giornate in ozio, nella villetta in Brianza, salvatore della patria suo malgrado. A Cernobbio, fra le altre amenità, ha dichiarato che, per far procedere le cose con sveltezza, è costretto ad amministrare i soldi dello Stato come fossero i suoi. Il che è totalmente falso. Perché mentre i suoi soldi si moltiplicano a dismisura, le casse dello Stato dimagriscono a vista d'occhio. Se Berlusconi sente prepotente la nostalgia di quando faceva il costruttore, perché non torna a farlo ora che la prossima legge sul delirio edilizio gli consentirà altri guadagni da Paperon de' Paperoni? E non presenta subito una bella lettera di dimissioni? Ci guadagnerebbe lui e ci guadagnerebbero tutti gli italiani.

(18 marzo 2009)

Cani inferociti per la crisi.
Meglio l'accalappiacani delle ronde

Un bambino di dieci anni è dilaniato dai morsi di un branco di cani inferociti e lo stesso commando (di cani) sfigura una turista tedesca di ventiquattro anni. Accade a Marina di Modica, nel ragusano, dove è in atto un'invasione di cani randagi. La procura ha dato ordine di abbattere le belve che le cronache descrivono «di piccola taglia, ma molto aggressive». Perché i cani, che sanno essere tranquillissimi, danno simili segni di nervosismo? Non si diceva fossero i gatti a sentire l'arrivo del temporale o dei terremoti?

A scorrere i quotidiani, pare che il randagismo sia un fenomeno solo siciliano. Un mese fa, un mio amico, mentre a Roma percorreva una pista ciclabile, si è visto circondare da un branco di randagi minacciosi e ringhianti. Ha pensato bene di starsene immobile e il branco, dopo un po', si è allontanato. Il numero dei randagi è destinato ad aumentare perché sempre più i loro padroni se ne sbarazzeranno per via della crisi. Mantenerli costa troppo. Una volta il cane era il migliore amico dell'uomo e grande protettore dei bambini. Perché sta mutando carattere? Mi sbaglierò, ma credo che la risposta sia semplice: perché noi stiamo mutando carattere. Siamo diventati aggressivi, non perdiamo occasione per litigare, reagire con violenza, insultare, offendere. Insomma, se fossimo cani, morderemmo. Lei, caro Lodato, suppone che i cani sentano avvicinarsi il terremoto, cioè la crisi. Penso che non sia lontano dalla verità. È possibile che questi animali captino il nervosismo, il disagio, la preoccupazione che c'è nell'aria, e, perché no?, il contenuto di certi tg, e ne vengano contagiati. Che fare? Leggo che in oltre 1600 comuni italiani non c'è un servizio per la cattura dei randagi. E se al posto delle ronde assumessimo un po' di accalappiacani, non sarebbero più utili alla comunità?

(19 marzo 2009)

I preservativi salvano la vita.
Ma il papa non ci sente

Che impressione le fa che il papa abbia scelto l'Africa, flagellata dall'Aids, per un durissimo affondo contro l'uso dei profilattici? La tesi: «È una tragedia che non si può superare con la distribuzione di preservativi, che anzi aumentano i problemi», occorre «soffrire con i sofferenti». La Francia esprime «la più viva inquietudine». La Germania: «I preservativi salvano la vita». La Ue: «Sono essenziali». La Spagna invierà in Africa un milione di profilattici. E l'Italia? Non pervenuta.

Nel 2010 si compiranno i 150 anni di vita della nazione italiana. E siccome è facile prevedere che il capo del governo sarà ancora Berlusconi, presumo che dalle celebrazioni saranno esclusi, per decreto legge, tutti gli episodi che possano dar fastidio al Vaticano. A cominciare dalla breccia di Porta Pia. Verranno in compenso esaltati i Patti lateranensi voluti da Mussolini che, tra l'altro, ebbe il merito delle leggi razziali contro il popolo deicida per la cui redenzione questo papa ha ripristinato una speciale preghiera. E lei pretende che, mentre stiamo ancora qua a discutere se uno abbia il diritto di morire come gli aggrada, l'Italia dica la sua sui preservativi? Se questo governo dovesse pronunciarsi, non farebbe che allinearsi alle parole del papa. Il quale finge di non sapere che il 90 per cento dei buoni cattolici europei usa il preservativo: però al riguardo chiude un occhio. Per gli altri è diverso. Serve a salvare milioni di persone dall'Aids? Non importa. Serve a limitare la crescita delle bocche da sfamare? Non importa. Importano solo le affermazioni dottrinali lontanissime ormai da qualsiasi contatto con la realtà. Ma le centinaia di migliaia di confessori, sparsi nel mondo, perché non dicono al papa come stanno le cose? Oppure glielo dicono ma lui fa finta di niente?

(20 marzo 2009)

Berlusconi, i colonnelli o i tonni di An

Il copione vuole che nel congresso di scioglimento di An, l'«Ultimo dei mohicani» sarà sconfitto. L'indiano è Fini. E la storia è più atroce degli uomini che pretendono di farla, scriverla, interpretarla. Scherzando, si può parafrasare Lino Banfi: «In Italia un dittatore è poco, due sono troppi». In Una tigre in redazione *(Marsilio 1994) sono raccolte le cronache di Emilio Salgari quando Buffalo Bill venne in Italia con seguito di indiani e cowboy (1890). Fra un secolo, chi farà parte del circo? E dove saremo?*

Dove saremo non ha nessuna importanza. Né mi sento di fare pronostici: se fra cento anni esisterà ancora il circo Barnum della politica come è intesa oggi o saranno tempi più seri. Noto che Berlusconi non interverrà al congresso di An. Dicono che lo farà per cortesia, per lasciare il palcoscenico tutto a Fini. Non credo sia così: sotto quello che vorrebbe apparire come un commosso rito d'addio si svolgerà una lotta senza quartiere fra Fini e i suoi colonnelli e tra i colonnelli fra loro. La presenza di Berlusconi acuirebbe le faide. Non tutti i colonnelli di Fini, a cominciare dall'ineffabile Gasparri, condividono le sue esternazioni, sentendosi ormai più vicini a Berlusconi che a lui. Inoltre il partito unico comporterà un sensibile dimagrimento delle poltrone in dotazione ai due partiti satelliti di Forza Italia, la quale farà la parte del leone. È inevitabile una notte dei lunghi coltelli. Ha mai assistito a una mattanza, caro Lodato? Quando la rete, detta «camera della morte», comincia a essere tirata in superficie, le decine e decine di tonni che vi sono intrappolati prendono a contendersi il poco spazio acquatico rimasto fino a quasi uccidersi fra loro. Solo in quel momento il rais, nel caso specifico Berlusconi, ordina di arpionare.

(21 marzo 2009)

Lode alla scarpa ribelle e rivoluzionaria da Krusciov all'Onda

Tutto iniziò a Baghdad, quando un audace giornalista iracheno, Montazer al-Zaidi, scagliò non una, ma tutte e due le scarpe contro Bush. L'autore del gestaccio dovrà scontare tre anni di prigione, ma nella Storia è entrato con entrambe le scarpe. Grazie a lui, nel mondo, la scarpa è diventata il simbolo di una democrazia – diciamo così – calzaturiera. Simboli analoghi: la stampella di Enrico Toti, o Brenno, capo dei galli, che dà inizio al sacco di Roma non prima di aver tirato la barba a un anziano senatore. Si va a manifestare, l'Onda lo ha già fatto, con la scarpa in mano. O tempora, o mores! Ce la scrive un'ode alla scarpa?

La storia della scarpa come simbolo di protesta iniziò, se non vado errato, con Nikita Krusciov, allora numero uno dell'Urss, che se la tolse durante una drammatica seduta dell'Onu e cominciò a sbatterla furiosamente sul banco. Prosegue, sempre con Bush, quando il presidente degli Usa ordinò che le bare dei soldati morti in Iraq fossero sepolte quasi in modo clandestino per far credere agli americani che la guerra procedeva trionfalmente. Allora le madri e le mogli dei caduti allinearono per terra, lungo un marciapiede, una fila interminabile di scarpe militari. E proprio in questi giorni gli studenti dell'Università di Roma hanno reagito alle cariche della polizia con un nutrito lancio di scarpe. Le quali, secondo il delirio mentale del ministro Brunetta, sarebbero le pericolosissime armi chimiche dei guerriglieri. Credo che gettare la scarpa contro qualcuno, in segno di protesta, sia sostitutivo di un altro gesto che le circostanze impediscono di fare, e cioè di prenderlo a calci nel sedere. Resto con lei, caro Lodato, in fiduciosa attesa del poeta che giustamente, prima o poi, canterà le lodi della scarpa come monumento alla ribellione.

(22 marzo 2009)

Montalbano è allibito: le «mele marce» di Genova e i precedenti di Bolzaneto

Alle notizie di Genova, Montalbano sarà rimasto di sasso: scoperta una banda di venticinque poliziotti dedita a cocaina, bische clandestine, festini con prostitute. Agghiaccianti le telefonate fra i Rambo di cartapesta: «Voglio fare una rissa della madonna, finisce che ammazzo tutti»; «Sei dei tanti che consumano droga, sei nella norma». Di un neofita, un veterano dice: «Non vorrei che finisse lì, e poi ci tocca buttarlo nella spazzatura». Della storia i giornali hanno parlato un giorno solo. In fondo, sono italiani come noi.

Montalbano, caro Lodato, è allibito e nauseato. E vorrebbe rivolgere qualche domanda a chi di ragione. La prima è per il questore di Genova che ha dichiarato, a stare al «Corriere della Sera», che si tratta di «poche mele marce». Sappiamo che è consuetudine delle questure il ridurre sempre a un terzo i partecipanti a una manifestazione a esse non gradita. A logica di questura, dunque, i poliziotti dovrebbero essere molti di più che venticinque. Ma anche restando a questo numero, non pare al signor questore che venticinque mele marce siano un po' troppe? Ne basta una sola in un cesto per infettare tutte le altre. Il contadino lo sa e si affretta a gettarla via. Come mai alla questura di Genova nessuno si è accorto di quello che stava succedendo? E pare che uno degli arrestati avesse subito una condanna a tre anni e due mesi per avere massacrato a Bolzaneto la mano di un no global. Lo stesso agente, nel 2007, era stato indagato perché accusato di avere violentato con alcuni suoi colleghi tre prostitute straniere proprio nei locali della questura genovese. Ecco le altre domande: come mai un tipo simile ha potuto continuare a vestire la divisa della polizia? Anche allo spirito di corpo c'è un limite, passato il quale, lo spirito di corpo diventa complicità.

(24 marzo 2009)

Nel Pdl il brodo di coltura del fascismo redivivo. Resta il bisogno di antifascismo

Cosa fatta, mi riferisco allo scioglimento di An, capo ha. E il capo, dentro il prossimo Pdl, non sarà Fini, ma Berlusconi. Un peccato, visto che Fini, con il suo no al partito della destra, all'umiliazione del Parlamento, al culto della personalità, al pensiero unico, ha mostrato quasi la statura di un picco himalaiano, rispetto a quella, collinare, degli ex colonnelli. Con un Gasparri al di sotto del livello del mare: «Siamo il partito della legge e dell'ordine». Però, si apre un problema inquietante. Secondo molti, ormai: no fascismo. Quindi: no antifascismo. Adelante, Pedro, con juicio, diceva Manzoni.

I colonnelli di Fini, che si trasferiscono, armi e bagagli, nel Pdl, sanno che nel partito di Berlusconi, quello del predellino, troveranno terreno di coltura per i loro mai morti bacilli fascisti. Riabbracceranno l'indomito camerata Ciarrapico, che ha lodato Berlusconi per aver sempre disertato le commemorazioni del 25 aprile. E vedono in Berlusconi una sorta di sbiadito Salazar, quello che veniva chiamato «redentor do Portugal». Non siamo a Franco, e meno che mai a Mussolini, ma si accontentano. Lei, caro Lodato, afferma che Fini, rispetto ai suoi colonnelli, svetta come una cima dell'Everest. È vero, ma questa situazione oggettiva creerà una barriera fra lui e i maggiorenti del Pdl. Fini, ormai, consulta un altro vocabolario. Il mio e il suo. Un vocabolario che Berlusconi non solo non adopera – ne ha uno personale – ma che anzi disprezza perché contiene parole come antifascismo e Resistenza. Avrà Fini la forza politica per riuscire a strappare a Berlusconi un suo spazio di manovra? Non credo, ma glielo auguro. Quanto al problema che la inquieta: il fascismo, anche quello nostalgico, è vivo e operante fra le fila del Pdl, e di antifascismo ci sarà ancora bisogno.

(25 marzo 2009)

Studenti guerriglieri perché non eletti?
E lei, sior Brunetta, da chi è stato eletto?

Occupiamoci della stessa persona (eccezion fatta per Berlusconi) non più di due volte al mese. Prenda Brunetta: inventa il tornello per i magistrati, si scatena contro i fannulloni, vuole le donne in pensione a sessantacinque anni, definisce «guerriglieri» gli studenti in rivolta, ora inventa le «faccine». È un gagà che passeggia per la piazza del paese facendo di tutto per non passare inosservato. È diventato macchiettistico, anche i bambini gli ridono dietro, ma è l'unico a non saperlo.

Nella corte di Piccolo Cesare, il ministro Brunetta ha il ruolo del *fool*, cioè l'ometto che faceva ridere il re e i cortigiani con le sue battute insensate. La differenza sta nel fatto che Brunetta non fa ridere solo la corte, ma tutti gli italiani ancora dotati di un pizzico di ragione. E appena uno lo vede, immancabilmente, gli torna alla memoria quella canzonetta che faceva: «Ma Pippo, Pippo non lo sa che quando passa ride tutta la città». Con tutto quel che segue, compreso il saltellare come un pollo. Perché Brunetta saltella da un canale all'altro, sempre affamato di notorietà. È, come diceva il poeta Guido Gozzano, uno «che tra clangor di buccine s'esalta / che sale cerretano alla ribalta / per far di sé favoleggiar altrui». E pur di dire la sua in ogni occasione, gli capita quasi sempre di straparlare. Come l'aver definito guerriglieri gli studenti dell'Onda. Il sindacato dei funzionari di polizia gli ha fatto notare la pericolosità delle sue parole. Allora ha fatto marcia indietro, definendo gli studenti quattro ragazzotti che non sono neanche presenti negli organismi rappresentativi. Cioè che non sono stati eletti. Di grazia, sior Brunetta eccellentissimo, a lei chi l'ha eletto? Lei ha avuto un solo elettore: Piccolo Cesare. Non sarebbe stato il caso di sorvolare su questo argomento?

(26 marzo 2009)

Su Aids e preservativo il Vaticano riconoscerà i suoi errori. Nel 4018, forse

Mi ha colpito l'espressione dura del cardinal Angelo Bagnasco, presidente Cei, quando ha scandito: «Non accetteremo che il papa venga irriso o offeso». Mi ha colpito il giudizio di Paola Concia (Pd): «Berlusconi sta facendo il chierichetto del pontefice. Speriamo che questa messa finisca presto... È da necrofili chiedere di non usare il preservativo che evita contagi e morti». Mi ha colpito la vignetta di Ellekappa: «...Altro che papa re, questo è un papa premier». Mi ha colpito l'affondo di Luciana Littizzetto, da Fabio Fazio. Ma è niente a confronto di quanto mi abbiano colpito, insieme a milioni di persone, le recenti posizioni del papa.

Lei, caro Lodato, ha ragione d'esser turbato alle dure parole del cardinale Bagnasco. Si vogliono allargare l'infallibilità e l'autorità papali, sino a ora ristrette all'ambito teologico, in campi non di sua pertinenza. E siccome viviamo in Italia, è facile prevedere che tutto quello che farà e dirà la Cei in appoggio alla volontà del papa si tramuterà in aspra diatriba politica. E magari, da parte di Berlusconi, ci scapperà qualche decreto legge che colmerà di gioia il cuore dei porporati. Fortunatamente le parole di Bagnasco sono state rintuzzate dal ministero degli Esteri francese. Certo che il papa è liberissimo di dire come la pensa, ma gli altri sono ancora più liberi di dire che non sono d'accordo. E se la Cei considera offesa o ingiuria il dissenso, si ponga una domanda: come mai questo papa suscita tante reazioni negative nel mondo? Sono così sicuri che a sbagliare sono sempre gli altri? Caro Lodato, vorrei rassicurarla. Vede, piuttosto poi che prima, la Chiesa i suoi errori sa riconoscerli. Ci mette un po' di tempo, prenda Galileo, ma alla fine ci arriva. Scommettiamo che nel 4018 il preservativo sarà consentito?

(27 marzo 2009)

La vergogna della legge sul biotestamento. I deputati sono solo numeri

Ha visto come è andata al Senato? Tanto tuonò che piovve. Testamento biologico bye bye. E Berlusconi può concedersi anche il lusso di bistrattare i parlamentari che stanno lì solo «a far numero», insomma «panza e presenza». Fra poco, le cronache parlamentari diventeranno assai più snelle: «Il numero uno ha votato a favore della legge proposta da lui medesimo». Fine della seduta. Prosit!

A quanto mi è parso di capire dai resoconti giornalistici, la legge che si è votata sul testamento biologico è risultata essere ancora più dura e infame di quanto si pensasse. L'intransigenza invocata il giorno avanti dal cardinale Bagnasco, presidente della Cei, è stata messa in atto da Berlusconi e dai suoi, con l'esclusione di ogni possibilità di discussione e di mediazione. Senza la più lontana preoccupazione di salvare un minimo di laicità dello Stato. Ho ancora la libertà di dire che è stata scritta una pagina vergognosa della nostra storia? Ho sostenuto altrove, e qui lo ripeto, che questa legge verrà usata come un grimaldello per scassinare altre nostre libertà fondamentali, altre regole del vivere civile. Infatti, malgrado questo felice risultato, che apre a Berlusconi l'onore degli altari, egli non ha esitato a dichiararsi insoddisfatto. Piccolo Cesare avverte le regole della democrazia come fastidiose remore che gli impediscono di fare ciò che gli torna personalmente utile. Considera i deputati come semplicissimi numeri. Fini gli ha ricordato che le regole vanno rispettate da tutti, a cominciare dal premier. Piccolo Cesare ha replicato, al solito, che le sue parole sono state travisate. È vero. Ciò che in realtà voleva dire si trova già scritto nei libri di storia, e le parole sono queste: «Farò di quest'aula sorda e grigia un bivacco per i miei manipoli».

(28 marzo 2009)

Le più belle storie d'amore del Novecento le hanno scritte i comunisti

Il comunista che scrive storie d'amore è una mosca bianca o, visti i tempi, è prevedibile la nascita di un nuovo autentico filone? Glielo chiedo perché è appena uscito Ricordi di Rosa e di come la storia ne attraversò la vita *(Navarra editore) che è, ma non solo, una struggente storia d'amore. A scriverlo è Gianni Parisi, palermitano, che negli anni Settanta, mentre alla guida del Pci c'era Enrico Berlinguer, fu segretario della Federazione di Palermo e poi segretario regionale del Pci; per tre volte parlamentare siciliano. Fra i tanti che lo conoscono, non è stata poca la sorpresa.*

Mi scusi, caro Lodato, ma non ho ancora letto il libro di Gianni Parisi e non appartengo alla categoria di persone che dissertano su un libro senza averlo letto, o avendo appena dato un'occhiata al risvolto di copertina. Però mi meraviglio che lei si meravigli del fatto che un comunista abbia scritto una struggente storia d'amore. Forse lei continua a credere, seguendo l'alto insegnamento berlusconiano, che i comunisti erano, e sono – perché a Dio piacendo ancora qualcuno ce n'è –, quegli esseri feroci, crudeli, disumani, che a pranzo e a cena si nutrivano di bambini? O vuole semplicemente prendermi in giro? Comunque le dirò che le più belle poesie d'amore di tutta la letteratura del Novecento, le hanno scritte tre comunisti, due dei quali hanno patito l'esilio e la galera per le loro idee: Nazim Hikmet, Pablo Neruda e Paul Éluard. E in quanto ai romanzi, le dirò che non tutti nella stessa Urss seguivano i dettami del realismo socialista. Guardi, tanto per fare un esempio, *Il dottor Živago*. Non è un romanzo d'amore? In patria, Pasternak venne duramente attaccato, la circolazione del suo libro non fu consentita, ma, checché se ne dica, il romanzo non può essere spacciato per anticomunista. Come la mettiamo?

(29 marzo 2009)

Il romeno innocente da Vespa: una vittima sacrificata alla sicurezza

La terza camera del Parlamento, Porta a porta, *potrebbe specializzarsi anche in collocamento, agenzia matrimoniale, agenzia immobiliare. L'altra settimana Vespa ha fatto appello agli italiani affinché il cosiddetto «pugile» romeno sia ripagato dell'ingiustizia patita. E lavoro, casa e famiglia sono il sogno di tanti. Questa volta lo «scoop» non consisteva nella presenza del solito colpevole sedicente innocente, ma di un colpevole risultato autentico innocente. Potenza del dna: ha imposto la sua legge anche su* Porta a porta. *E se Vespa è costretto a invitare un innocente, gli vuole trovare moglie, casa e lavoro. Vespa, infatti, si commuove sinceramente. Quanto al romeno, ci è sembrato che si sentisse preso dai turchi.*

Volevo seguire *Porta a porta*, ma non ce l'ho fatta e ho cambiato canale. Mi aveva molto turbato il comportamento del cosiddetto «pugile»: non capiva niente di quello che veniva detto e la sua testa si voltava ansiosamente dall'uno all'altro degli ospiti per tentare di capire, dalle loro espressioni, quello che dicevano. Era pigliato dai turchi, come dice lei, caro Lodato. Smarrito e angosciato. E ne aveva tutte le ragioni. Incolpato di stupro, scagionato dal dna, tenuto in carcere perché indiziato di altro stupro, scagionato una seconda volta, dal carcere portato sotto i riflettori di fronte a milioni di persone. Avrà pensato che l'Italia è strana. Non sa, il poveraccio, che i romeni sono le vittime sacrificali alla tanto sbandierata sicurezza, occupano il posto che fu degli albanesi. E di tutti i romeni si fa un fascio, senza allusioni ad Alemanno. Penso al disagio, alla paura, alla rabbia della stragrande maggioranza dei romeni onesti, che si vedono accomunati a delinquenti comuni. Ecco, questo ho letto l'altra sera sul volto di Karol Ractz, detto «faccia di pugile».

(31 marzo 2009)

Aprile

Nell'ipermercato del Cavaliere valgono anche discorsi scaduti

È forte l'Italia! Dopo quattordici anni, Berlusconi è costretto a fondare il nuovo partito e presentarlo come fosse sempre verde. Un politologo si stupisce, poiché la Thatcher e Kohl, dopo avere rivoltato i loro paesi, furono pensionati. Già. Forse la spiegazione è che, da noi, la «novità promessa» non arriva mai, e Berlusconi, ogni quinquennio, deve far la cerimonia del varo della nuova Arca, con nuove madrine, nuovi padrini. Uno spot tv di acqua minerale mostra «lo zio», «la zia», «il parroco», «il nipotino» e «la nonna», ormai ottuagenari, ma con faccia da ragazzini. I registi sembrano quelli che hanno allestito il congresso Pdl alla Fiera di Roma.

Caro Lodato, ma lei ha trovato un motivo di novità nel congresso Pdl? Berlusconi, strepitoso venditore, non ha fatto altro che mettere in una diversa, sfavillante confezione, un prodotto scaduto, con la certezza che nuovi sprovveduti clienti si lasceranno incantare e l'acquisteranno fiduciosi. Non si è divertito alla sfilata dei Caldoro, Rotondi, De Gregorio, Mussolini, Baccini, Bonardi, Bonocore che chiudevano le loro piccole bancarelle per confluire nell'ipermercato berlusconiano? E dato che mi parla di vecchiaia, devo ricordarle che Scapagnini afferma d'aver reso immortale Berlusconi dandogli a bere – parole sue – la stessa pozione che bevono i centenari abitanti a sud di Urumpi, fra il deserto di Taklamakan e il Gobi. Parola di sciamano, sotto mentite spoglie di dottore in medicina. Premesso che Berlusconi avrebbe il dovere morale di regalare un sorso del decotto miracoloso almeno al fedelissimo Bondi, che sembra tenere l'anima coi denti, può darsi che l'intruglio mantenga l'aspetto giovanile, ma blocchi lo sviluppo cerebrale? Se no come spiega che Berlusconi ha rifatto sostanzialmente lo stesso discorso di quattordici anni fa?

(1° aprile 2009)

Povero Silvio.
Ignora la pregiudiziale antilogorrea di Mussolini

Il 19 aprile 1919 Mussolini concede un'intervista al «Giornale d'Italia». Domanda: «Avete pregiudiziali?». Mussolini: «No. Le pregiudiziali sono maglie di ferro o di stagnola. Non abbiamo la pregiudiziale repubblicana o quella monarchica; non abbiamo la pregiudiziale cattolica, socialista o antisocialista. Siamo problemisti, attualisti, realizzatori». In piazza San Sepolcro, a Milano, erano già sorti i Fasci di combattimento, anticipatori del Partito nazionale fascista. Il fascismo nasceva con «parole nuove».

Mi pare di capire che lei trova una qualche affinità tra la politica del «realizzare» e quella del «fare» di Berlusconi. È naturale che chi vuole «rinnovare l'Italia», senza un solido retroterra di idee, finisce con il dire le stesse cose di un altro. All'epoca, nemmeno Mussolini sapeva cosa era il fascismo, glielo spiegò Giovanni Gentile anni dopo. Ma vedo altre coincidenze. I Fasci di combattimento nacquero in una stanzetta di piazza San Sepolcro, gli apostoli di Forza Italia si radunavano in un sottoscala milanese, come ricorda Dell'Utri, che racconta quelle riunioni prestando ai convenuti atteggiamenti da congiurati carbonari. Mussolini creò i quadrumviri della rivoluzione, Berlusconi ha messo su un triumvirato. Ma le vere affinità sono la comune insofferenza verso le regole democratiche, l'accentramento di tutti i poteri in una sola persona, la riduzione dei cittadini a sudditi acclamanti. C'è una differenza, però. Nel «covo» di piazza San Sepolcro, Mussolini teneva in evidenza una scritta che, su per giù, recitava così: «Chi dice con dieci parole ciò che può essere detto con una, è individuo capace di qualsiasi bassezza». Parole che mal s'accordano con la logorrea di Berlusconi e dei vari Gasparri, Brunetta, Bonaiuti e compagnia bella.

(2 aprile 2009)

Se non ora, quando?
Domani tutti al Circo Massimo

Domani, in centinaia di migliaia andranno al Circo Massimo, su invito di Guglielmo Epifani e della Cgil. Saranno un milione o di più? Lo capiranno solo i fortunati presenti. I tg faranno riprese rasoterra, non superando il ginocchio dei manifestanti. Vedute aeree e dirette tv, per questo governo, sono un lusso. La questura, con il bilancino d'ordinanza, ridurrà le cifre di tre quarti. Seguiranno Sacconi, Brunetta, Quagliariello: ecco i «fannulloni». Consiglio agli italiani? Andate al Circo Massimo a quattro a quattro, se volete che almeno uno di voi sia registrato dal pallottoliere di Palazzo Chigi.

Non ho alcun dubbio che questa volta questure e tg opereranno non la solita diminuzione del numero dei partecipanti, ma passeranno direttamente alla decimazione. Bisognerà dimostrare, a tutti i costi, che solo pochi pazzi possono dichiararsi scontenti di tutto quello che il governo Berlusconi sta facendo contro la crisi. Tremonti, infastidito, replica dicendo: «Abbiamo già dato». Ma chi ricorda più le elemosine prenatalizie e di pochi spiccioli? E mentre i soldi per le banche si trovano, non si trovano per i disoccupati che crescono esponenzialmente, per gli ammortizzatori sociali, per intervenire sulle famiglie in povertà. Il nostro paese rischia una catastrofe, e lorsignori fan finta di niente e insultano chi non accetta il loro demenziale ottimismo. Per il comico Brunetta i manifestanti, naturalmente, non saranno che mascalzoni venuti a Roma per una gitarella. E Sacconi è troppo occupato a pensare a come farli morire cattolicamente, piuttosto che a come farli sopravvivere. Ci sono i benpensanti che dicono che una manifestazione così ora non è opportuna. E se non ora, quando? Mi associo con tutto il cuore al suo invito, caro Lodato: domani tutti al Circo Massimo.

(3 aprile 2009)

Al futuro, alla speranza, alla solidarietà, ai diritti. La mobilitazione straordinaria della Cgil

Cercheranno di non darlo a intendere, ma oggi, per il governo, il mal di pancia è forte. Come vede, al Circo Massimo sono venuti a valanghe. Se qualcuno voleva sostenere la tesi dell'«isolamento» di Guglielmo Epifani e della Cgil, avrà da cospargersi il capo di cenere. La mobilitazione coincide anche con l'interessante iniziativa Cei, che si è fatta garante con le banche per prestiti – in totale trecento milioni – a quelle famiglie che rischiano di andare sul lastrico. Una cosa simile l'aveva fatta il cardinale di Milano, Dionigi Tettamanzi. Solo per Berlusconi e la sua band è tempo di bonaccia.

Berlusconi e soci da tempo tentano di convincere gli italiani che la Cgil dice sempre NO, che si è blindata in una posizione di preconcetto rifiuto di ogni «innovazione» proposta dal governo. E la mettono a confronto con altri sindacati che si dimostrano più che disponibili. Si tratta di pura e semplice opera di diffamazione. Oggi gli italiani, telegiornali permettendo, hanno modo di vedere come, al romano Circo Massimo, la Cgil stia gridando, per bocca di centinaia di migliaia di persone, un grandissimo SÌ alla speranza nel futuro, malgrado le enormi difficoltà della crisi ignorata dal governo; un grandissimo SÌ al diritto per tutti a una vita compiuta nella dignità del lavoro; un grandissimo SÌ a una rinnovata società civile; un grandissimo sì alla solidarietà... Cade a proposito il bell'esempio della Cei che, seguendo l'iniziativa del cardinale Tettamanzi da lei ricordata, si è messa d'accordo con alcune banche per aiutare i meno abbienti. Concretamente, non a chiacchiere come usa fare questo governo. Ma Berlusconi e soci sentiranno il grido che prorompe da una piazza che rappresenta, essa sì, l'Italia? Oppure confermeranno il detto che non c'è peggior sordo di chi non vuol sentire?

(4 aprile 2009)

La vittoria della Cgil
e la bava alla bocca del governo

E diciamoglielo a Brunetta: tiè! Ci sente Brunetta? La linea è disturbata? Come? Ah, non le piace il presepe... Eccoli i fannulloni e le impiegate che fanno shopping... L'Italia che rema contro. L'Italia cattocomunista, i «signornò» agli ordini di Guglielmo Epifani. Brunetta, si tenga su. Son tanti, eh?... Povero Berlusconi. Poveri Sacconi, Quagliariello, Bricolo, Maroni, Cota, La Russa, Bocchino, Lupi, Gasparri, Bonaiuti, Dell'Utri, Bondi. E povero Capezzone. L'Italia si è rispecchiata in tv. E ha capito quanto è forte.

Sentendo le reazioni alla manifestazione Cgil di alcuni personaggi da lei citati, caro Lodato, cascano le braccia. Dimostrano, nel migliore dei casi, una totale, sferica, incapacità di capire la situazione italiana. Nel peggiore, un atteggiamento volgare e sprezzante verso milioni di lavoratori e pensionati. Le dico con tutta sincerità che ho provato sgomento di fronte alla dichiarazione di Gasparri, che ha definito una «carnevalata» la manifestazione, e di Brunetta che l'ha definita una «piacevole scampagnata». Quest'ultimo, in particolare, non deve avere solo la linea telefonica disturbata ma anche qualche altra cosa di più personale. Poi ci sono quelli che hanno voluto vedere nella partecipazione di Dario Franceschini, e di molti esponenti Pd, una deriva a sinistra e di ciò si sono scandalizzati. Proprio loro che stanno mandando il paese, non in deriva, verso lo sfascio, ma governandovi dritto il timone. Sa che penso? Che la riuscita di una manifestazione sia da misurarsi, più che sul numero dei presenti, dalla rabbiosità degli insulti degli avversari. Stavolta hanno avuto la bava alla bocca e questo è buon segno. Una domanda: quanti saranno stati gli iscritti Cisl e Uil che hanno rimpianto di non essere stati accanto ai loro compagni al Circo Massimo?

(5 aprile 2009)

A Napoli una mamma è denunciata perché nera. Così si uccide la solidarietà

La mamma partorisce, ma è nera (Costa d'Avorio), e non ha i documenti a posto. I medici fanno la spiata. In corsia arrivano i poliziotti e se la portano in commissariato. Accade a Napoli, al Fatebenefratelli retto da «religiosi», dove ora il primario spiega che «così fan tutti». Il ministro dell'Interno Maroni, il castigamatti degli extracomunitari, il «cattivo» che continua a contare barconi che affondano e cadaveri che galleggiano, tuona: «C'è volontà di fare piena luce sull'accaduto». Niente da chiarire, signor Maroni, è tutto chiaro. Anche troppo. Si rilassi.

Tre cose colpiscono in questo squallido episodio: la solerzia con la quale in un ospedale si applica una norma vergognosa, e perciò ampiamente contestata, prima che essa sia approvata; che la brutta faccenda accada a Napoli, fino a qualche tempo fa esempio di tolleranza e civile convivenza; l'ipocrisia senza limiti del ministro Maroni dello stesso partito di coloro che questa norma patrocinano e difendono. Il ministro, lo stesso che voleva le impronte dei bambini rom, adducendo motivazioni umanitarie, ha dichiarato, come lei opportunamente ricorda, che manderà un'ispezione. A ispezionare cosa? Che la delazione sia stata fatta a regola d'arte? La verità è che Berlusconi e alleati stanno pericolosamente cambiando alcuni elementi del carattere italiano, primo fra tutti la solidarietà. Con le loro leggi mettono in difficoltà burocratico-amministrative i pescatori che salvano vite umane in mare, costringono i medici a denunciare i pazienti extracomunitari non in regola, obbligano i medici a torturare i moribondi... L'ospedale napoletano è sotto la protezione della Madonna del Buon Consiglio. Ah! Se l'avessero ascoltata la madre di Gesù, che, in quanto a partorire in condizioni disagiate, sì che se ne intende!

(7 aprile 2009)

La creatività del premier
e quella dei pappagalli

Quando gli avvocati attaccavano i pentiti perché ripetevano pappagallescamente «Buscetta», mi raccontarono che, in un paese siciliano del dopoguerra, un macellaio dormiva insieme a moglie e dieci figli. Alle estremità del letto i genitori, nel mezzo i figli. Spenta la luce, il padre si lamentava del solito cliente che non aveva pagato e concludeva: «Tizio è un gran cornuto». Il primo figlio: «È un gran cornuto». E così via, sino alla madre. E la famiglia si addormentava. Ora che anche Sacconi ha detto che alla manifestazione Cgil «erano meno di centomila», tutta la famiglia azzurra può prendere sonno: «Questi della Cgil sono tutti gran cornuti». E beatamente sognare Lui, come lo chiama Fiorello nel suo show su Sky.

Per gli esponenti Pdl c'era l'ordine di fare variazioni su due sole parole: carnevalata e flop. Abilissimi nel negare l'evidenza, i vari clown del circo berlusconiano sono comparsi in tutte le reti tv per ripetere pappagallescamente che la manifestazione era stata una pagliacciata, una gita, un fallimento. A Berlusconi era riservata la creatività. E si è esibito con quel «il tavolo glielo tiro in testa» che dimostra la sua statura di statista che le altre nazioni ci invidiano. Quindi, caro Lodato, rispetto al macellaio un progresso c'è: quelli della Cgil non sono solo cornuti, ma anche brutti, sporchi e cattivi. Un presidente del Consiglio usava dire che un sigaro e una croce di cavaliere non si negano a nessuno. Capisco che un'apparizione tv non si può negare nemmeno a Gasparri, ma perché, dovendo tutti dire la stessa cosa, non formano un bel coretto? Disposto su tre file, come nelle foto di gruppo, e diretti da Lui, come lo chiama Fiorello? Io non me la sento di chiamarlo così, perché mi ricorda il titolo di un libro molto osé di Moravia. E chi vuole capire capisce.

(8 aprile 2009)

Berlusconi, Moravia e Fiorello.
Il romanzo e la realtà

Sono arrivate molte lettere di lettori che chiedono chiarimenti sulla rubrica di ieri in cui, parlando di Berlusconi – che lei e Fiorello definite «Lui» –, lei, Camilleri, tira in ballo un racconto osé di Alberto Moravia. Ricorderà che avevo obiettato che la pietanza rischiava di essere destinata solo a pochi amatori, e che il grande pubblico non l'avrebbe accettata subito. Non mi sbagliavo. Adesso, di grazia, visto che nel ristorante siamo in due, può spiegare a tutti chi era il Lui di moraviana memoria?

Stia attento a quello che dice. È Fiorello che chiama Lui Berlusconi. Io invece ho scritto che non mi permettevo di chiamarlo così, a causa di un romanzo di Moravia. Ora lei se ne esce con la storia che alcuni nostri clienti avrebbero scritto per avere delucidazioni. Penso sia tutta una sua invenzione perché lei ha voglia di stanarmi, di espormi al rischio. E va bene, ecco di cosa si tratta. Nel 1971 Moravia pubblicò un tragicomico romanzo, intitolato *Io e Lui*, che aveva come protagonista un intellettuale, Rico, verso il quale madre natura era stata generosa fornendolo, oltre che di un buon cervello, anche e soprattutto di un organo considerevole e sempre affamato, che Rico chiama Lui. Lui, come se non bastasse, è anche dotato di parola. Un po' come accade in *I gioielli indiscreti* di Diderot, dove a parlare sono invece le parti femminili. Quindi il romanzo è la lotta che Rico conduce contro Lui temendo che, se piglia il sopravvento, distrugga le sue capacità creative. Dopo varie peripezie per ottenere la regia di un film, Rico è costretto a ricorrere ai buoni uffici di Lui per sedurre la moglie del produttore. Ma Lui, sul più bello, gli gioca un brutto scherzo rifiutandosi, diciamo così, di collaborare, perché pretende di essere venerato addirittura come un Dio. Ha capito adesso, caro Lodato, perché a Lui non lo chiamerò mai Lui?

(9 aprile 2009)

Foggia, apartheid all'italiana. La farsa diventa tragedia

Il buon Carlo Marx capì che la Storia si ripete: prima sotto forma di tragedia, poi sotto forma di farsa. A Foggia, un sindaco Pd minimizza sull'esistenza di autobus per «bianchi» e autobus per «extracomunitari». È la farsa. Il precedente drammatico è del 1° dicembre 1955, quando Rosa Louise McCauley, cittadina nera di Montgomery (Alabama), si rifiutò di cedere il suo posto a un bianco. E diventò il simbolo dei neri d'America. Il 13 novembre 1956 la Corte suprema americana proibì la segregazione razziale. Rosa è morta a novantadue anni, nel 2005. «Quel giorno non ero stanca – dichiarò – ero stanca di arrendermi.»

L'impulso verso la discriminazione non è innato, tanto che i bambini delle elementari non fanno distinzione fra i compagni, neri o gialli che siano. Cominciano a capire quando i bambini non bianchi vengono relegati tutti in fondo alla classe. Insomma, la discriminazione è sempre in qualche modo inculcata. E perciò può essere corretta. Basta vedere i vecchi film americani, dove la discriminazione non era solo contro i neri ma contro ebrei, portoricani eccetera. Nel caso di Foggia non credo che si possano cercare spiegazioni per avere creato autobus differenziati per bianchi e neri, se non in questa ventata di preoccupante razzismo che sta colpendo l'Italia, degradandola ancor più di quanto non lo sia già. Ma temo che da noi non ci siano quegli anticorpi che in un primo tempo portarono gli Usa alle sentenze antidiscriminazione e poi, addirittura, a un presidente di colore. Lei, caro Lodato, cita Marx. Ma quando, come accade in Italia, dalla farsa si passa alla farsa e poi alla comica finale, allorché, inevitabilmente, la storia si ripresenterà sotto forma di tragedia, e già se ne avvertono i sintomi, allora sono convinto che sarà assai dura per tutti noi.

(10 aprile 2009)

Berlusconi punta al ponte sullo Stretto. In una zona sismica

Il berluscone è una nuova unità di misura tutta italiana. Alla notizia del terremoto, Berlusconi dichiara: «Il sisma non ha precedenti in questo Duemila». Non le dico i tg: chi diceva che era il più grave degli ultimi mille anni, chi degli ultimi duemila, chi dall'anno Mille a oggi... Berlusconi non permette neanche alla forza della natura di batterlo sul tempo o in effetti speciali. Se affonda un barcone, «Peggio del Titanic»; se viene scoperta una casa d'appuntamenti, «Peggio di Sodoma»; se manifestano, «Peggio dei comunisti». Esempi, si capisce.

Sono perfettamente d'accordo con lei, caro Lodato, nell'adozione del berluscone come unità di misura almeno in Italia, in attesa che sia al più presto esportato nell'Ue. Il berluscone è assai più lungo del classico metro, diciamo non meno di un chilometro. Perché tutto quello che accade nei periodi nei quali, ahinoi, Berlusconi, si fa per dire, governa il nostro paese, deve essere proporzionato alla visione che egli ha di se stesso. Da noi non si scopriranno vecchietti centenari ma millenari, il record del salto con l'asta sarà di 22 metri e 47, insomma il Guinness dei primati sarà tutto nostro, ma moltiplicato per mille o diecimila, e i terremoti non si sottrarranno alla regola. Ma l'enfasi di Berlusconi, a proposito dell'immane tragedia dell'Aquila, è studiata: tende a far dimenticare agli italiani il terremoto di Messina di poco più di cento anni fa. E c'è una precisa ragione. A Messina, cioè a dire in una zona sismica per eccellenza, dovrà sorgere uno dei due enormi piloni del ponte sullo Stretto. Sul ponte, Berlusconi continua a puntare anche in momenti di crisi come questo. E allora perché ricordare che a Messina e a Reggio ci furono più di 150.000 vittime? Forse perché il berluscone ancora non c'era...

(11 aprile 2009)

I terremoti non cambiano, e nemmeno l'Italia

Ci voleva Giorgio Napolitano per diradare la melassa dell'efficientismo, ricordare che la tragedia rimanda a responsabilità anche umane, rifuggire dai fotografi. Notte del 15 gennaio 1968, terremoto del Belice: 370 morti. Leonardo Sciascia scrisse su «L'Ora»: «E al presidente della Repubblica che oggi è qui sentiamo di dover dire che egli rappresenta un paese tremendo. Dilacerato da contrasti e ingiustizie che sotto quiete apparenze non sono meno gravi di quelli che in altri paesi del mondo sanguinosamente si dispiegano. È che la Sicilia è stanca, che muore ogni giorno anche senza l'aiuto delle calamità naturali». I terremoti non cambiano e in Italia continuano a trovare terreno fertile.

Il terremoto del Belice, come lei ha ricordato, successe nel gennaio 1968. Le sensibilissime antenne di Sciascia captarono le sotterranee vibrazioni di un altro terremoto che di lì a poco si sarebbe scatenato: quello dei movimenti del Sessantotto. La differenza, fra allora e oggi, è data dal fatto che non solo non esistono più gli Sciascia, i Moravia, i Pasolini, e se esistessero non sarebbero ascoltati, ma che gli odierni politici e i sedicenti giornalisti, anche se con tessera dell'ordine, si servono di questo terremoto per coprire gli inquietanti segnali di un altro devastante sisma. Che la cassa integrazione sia aumentata del 925 per cento, rispetto allo stesso mese dell'anno scorso, è un segnale che dovrebbe sconvolgere i nostri governanti, invece stanno lì a litigare sulle ronde. E se qualcuno domanda cosa stiano facendo, rispondono spacciando fragili castelli di sabbia per solidi provvedimenti. Nel terremoto del Belice, Sciascia avvertì che la Sicilia poteva restarne travolta. Nel terremoto dell'Aquila è l'Italia intera a correre il rischio. Solo che tutti fanno finta di non accorgersene.

(12 aprile 2009)

Com'è fashion sfilare in Abruzzo

Mi ha colpito, in questi giorni di Tv Terremoto, il cappello, nero e molto chic, di un'inviata di Rai Uno. Un modello che si ispira a quello degli alpini, senza penna, però. Scelto con raziocinio estetico. Mi ha colpito il casco da terremotato fra terremotati di Berlusconi, che per ogni location calza un copricapo acconcio. Tutti hanno il medesimo casco, ma si vede subito che con Lui è anche una collezione che si sta arricchendo. Mi ha colpito il colore delle tende: un bellissimo blu cobalto. Nel Belice e in Irpinia, ho il ricordo di tende da guerra, verde militare. Insomma, questo è il primo terremoto davvero fashion, molto chic.

Ovvero, come si trasforma un'immane tragedia in passerella elettorale. All'Aquila è andato mezzo governo, portando grande fastidio ai soccorritori per l'imponente corteo di segretari, portaborse, portavoci e uomini di scorta che i ministri si trascinano dietro. L'unico a non esserci andato subito è proprio chi aveva il dovere di andarci per primo, il ministro dell'Interno, Maroni. Non perché gli abruzzesi non facciano parte della Padania, ma perché arrabbiato con Berlusconi che gli avrebbe mandato in vacca le ronde. Essendo una passerella, ognuno sfila con il look che ritiene più appropriato. Berlusconi non poteva perdere l'occasione di mostrarsi con un diverso copricapo, dopo essere apparso con uno sfavillante cappello di capostazione. E neanche quella di fare qualche gaffe da padrone delle ferriere: «Andate tutti al mare, paghiamo noi!». Che dirle, caro Lodato? Lei ha notato il blu cobalto delle tende, io no. Non guardo più le immagini delle rovine e degli attentati trasmesse dai tg. Ho paura, veramente, di veder comparire un intrattenitore da villaggio vacanze che dica «Allegria!» e inizi a presentare uno show.

(14 aprile 2009)

Ponte di Messina, rischi e riserve.
Meglio, forse, ricostruire l'Abruzzo

Si tenga forte: Berlusconi non ha tutti i torti! I terremoti non sono prevedibili, li prevedi di qua, e poi ti arrivano di là. Ma il terremoto è come un pregiudicato. Se ha già colpito da qualche parte, ha la fedina penale macchiata e, in quanto tale, va guardato a vista. Mi spiego: a Messina, con 150.000 morti nel 1905, l'idea di campare per aria un ponte la trovo irresponsabile, se non ingegneristicamente criminale. Ecco perché, dopo il sisma d'Abruzzo, Berlusconi rischia di apparire un criminale: se si ostinasse, gli farebbe difetto la buonafede. Via, e subito, da Messina!

Caro Lodato, lei tocca un mio punto dolente. E dico subito che sono d'accordo con il suo perentorio grido «via da Messina»; ma con riserva. E per non essere accusato di contraddizione, chiarirò come la penso. Con il cuore dico di sì al ponte, soprattutto perché penso che la Sicilia, e il Sud in genere, ne trarrebbero gran vantaggio. Fino a ora, i detrattori hanno portato argomenti come: «sarebbe lo stesso che finanziare la mafia»; «servirebbe solo a unire due deserti». E allora? Ci arrendiamo a priori alla mafia? E in quanto ai deserti, ricorro alla stessa metafora: non possono rifiorire se innaffiati regolarmente? E poi, con il ponte, la sicilitudine, il senso di separatezza, il piangersi addosso, avrebbero meno alibi. La ragione, però, mi porta a dubitare del mio sì ideale. Vorrei che prima di costruire il ponte, tutti i geologi della Terra, dico tutti, dessero la loro assicurazione che lì si può costruire senza rischio. Altrimenti, niente. Vuol dire che il ponte non si farà mai. Infine: non l'ho mai ritenuta, e continuo a non ritenerla, un'opera prioritaria. Ci sono altre necessità impellenti, a cominciare dalla ricostruzione dell'Abruzzo, prima di erigere il monumento al Faraone Silvio.

(15 aprile 2009)

Terremoto: inquietante dire che i giudici non devono occuparsi del passato

Il procuratore dell'Aquila, Alfredo Rossini, annuncia che se si è costruito con sabbia di mare, ci saranno gli arresti. Silvio Berlusconi, cresciuto a calcina, compasso e cazzuola, sembra più urbanisticamente corretto: «La magistratura farà le sue indagini, ma non concentriamoci sempre sul passato». E ha spalancato le sue ville ai terremotati, che però nicchiano, imbarazzati. Un consiglio: provi a rivolgere l'invito solo a quei palazzinari che hanno lucrato su acciaio e cemento. Offra loro, nelle sue ville, una sorta di ospitalità diplomatica. Poi commissioni al ministro della Giustizia, Angelino Alfano, il lodo necessario alla bisogna. Allora sì!

Una premessa: non risponderò più sul binomio Berlusconi-terremoto. Le confesso, caro Lodato, che non ne posso più dell'accoppiata! A tutto c'è un limite. E trovo inutile che sia lei che io, ogni tanto ci lasciamo andare a dar consigli a Berlusconi, noi, che ai suoi occhi siamo come due formiche davanti a un elefante. Comunque, il commento di Berlusconi sull'eventuale iniziativa dei magistrati mi pare inquietante. Dice che l'inchiesta sulle case di finto cemento armato deve fare il suo corso, ma aggiunge che non bisogna sempre concentrarsi sul passato. Che significa? La procura non può fare altro che indagare sulle case che sono state mal costruite nei decenni trascorsi. O vuole che indaghi sul futuro e cioè sulle case che saranno ricostruite? Non è una maga con la palla di vetro e non è compito suo. È compito che spetta agli innumerevoli controllori che in passato non hanno fatto il loro dovere e che in futuro dovrebbero agire con onestà e correttezza. Ma chi sarà a suggerire onestà e correttezza? Berlusconi e i suoi? È meglio augurarsi che in futuro non accadano più terremoti che scoprano gli altarini.

(16 aprile 2009)

Vauro sospeso per una vignetta. Un avvertimento per tutti

Lei concluse una rubrica con l'augurio: «Lunga vita ai vignettisti». Vauro sospeso dalla Rai per una vignetta; Santoro a Canossa con tanto di trasmissione «riparatrice», l'autodafé da inquisizione mediatica. Quando il boss chiama, questa è la verità, picciotto risponde. E i picciotti in giro non scarseggiano. Ogni giorno la Rai dovrebbe fare una trasmissione «riparatrice» perché manda in onda, in ogni edizione di ogni tg, mandante e picciotti. Anche ai tempi di Enzo Biagi c'erano mandante e picciotti. Sappiamo come finì.

La scusa per l'ostracismo ai giornalisti scomodi è quella che la Rai è un servizio pubblico che certe cose non può permettersele. Ora si sa benissimo che il nuovo direttore generale ha avuto il gradimento di Berlusconi e che i direttori dei tg sono stati nominati dallo stesso Berlusconi in un incontro privato a casa sua. Ne è venuto fuori che il capo del governo e proprietario di Mediaset controlla, attraverso i suoi uomini, due reti su tre del servizio che, ancora fintamente, chiamano pubblico. Sono sicuro che un giorno moriranno sopraffatti dalla loro stessa ipocrisia. E naturalmente, poiché Berlusconi, l'Unto del Signore, si crede in possesso della verità come un ayatollah terrorista, non può tollerare la minima critica al suo operato. Ed ecco il diktat, prontamente eseguito, contro Vauro. Si apprestano a prendere provvedimenti anche contro Milena Gabanelli. Insomma, la parola d'ordine è: soffocare tutte le voci non allineate ai voleri del boss. La cacciata di Vauro è un avvertimento: il colpirne uno per educarne cento, di brigatistica memoria. Lei dice che è di stampo mafioso? Andrebbe chiesto, con il tavolino a tre piedi, all'ex stalliere condannato all'ergastolo per tre omicidi, che a lungo soggiornò ad Arcore e che Berlusconi definì un eroe.

(17 aprile 2009)

Il tradimento degli intellettuali

Dacia Maraini ha scritto un articolo denso di passione civile raccontando la cronaca del paese addormentato; dove dormono i politici, dormono i giornalisti, dormono persino gli scrittori. Ha preso spunto dalla domanda di un ragazzo quindicenne sulla privatizzazione dell'acqua e citato il romanzo Fontamara *di Ignazio Silone. Ormai siamo invece circondati da abatini abbacinati dal pensiero unico e con il sangue agli occhi se uno scrittore apre bocca in politica. Non solo: vengono messi in discussione persino giornalisti e vignettisti come dimostra il caso Vauro-Santoro.*

Cominciò nel 1927, il filosofo francese Julien Benda, con il suo famosissimo *Il tradimento dei chierici*, a scagliarsi contro l'arte individualista e riservata a pochi. Nel dopoguerra, Sartre e altri scrittori e saggisti proclamarono, per l'intellettuale, il dovere assoluto dell'impegno politico e sociale. Nel Sessantotto si sostenne che tutto era politico, vita e creazione artistica. E ci fu un po' di indigestione, inevitabile dopo un'abbuffata. Ma, dall'indigestione, la quasi totalità dei nostri intellettuali è passata all'anoressia. Che non abbiano animo di partecipare al dibattito politico è in parte comprensibile viste le miserevoli condizioni e il bassissimo profilo della nostra scena politica. Non vogliono sporcarsi le mani, anche se hanno luminosi esempi di scrittori, da Tabucchi alla stessa Maraini, ma potrei fare altri nomi, che questa paura non l'hanno mai avuta e continuano a non averla. Ma la cosa grave, e la Maraini ha ragione a parlare di sonno, è che essi rimangono assenti anche davanti a problemi che li riguardano come semplici esseri umani. Visto che la casa sta andando a fuoco, non pensate sia nostro dovere dare una mano per spegnere le fiamme?

(18 aprile 2009)

Anche Rita Levi Montalcini fa paura alla Rai

L'italiana più importante del secolo ha compiuto un secolo di vita e fa paura al centrodestra. Rita Levi Montalcini, scienziata e premio Nobel, rischiava di essere censurata da Mauro Masi, neodirettore generale Rai, che non la voleva da Fabio Fazio il 26 aprile: non può essere invitata perché «è una senatrice». Il giornalista Loris Mazzetti ha avvertito Articolo 21 e lo stop è rientrato. Il cavallo che Caligola nominò senatore si chiamava Incitatus. E quanti sono gli Incitatus ai quali la Rai non fa mancare la biada di microfono e telecamera? Per un minimo di par condicio, fra cavalli e premi Nobel, almeno ogni cento Incitatus, Masi si conceda il lusso di invitare una Rita Levi Montalcini!

Il buongiorno si vede dal mattino, e il mattino della nuova dirigenza Rai promette una giornata da cappotto e parapioggia. I primi atti sono stati censori e intimidatori: la richiesta di una puntata «riparatrice» a Santoro; l'espulsione di Vauro con un gelminiano 5 in condotta; la richiesta, rientrata, di non far partecipare a una puntata di Fazio il premio Nobel Rita Levi Montalcini per i suoi cento anni. La scusa era che, essendo la Montalcini anche una senatrice, la sua presenza avrebbe alterato i delicati equilibri della *par condicio* che, però, non vengono alterati dall'ossessiva presenza di Berlusconi in ogni tg pubblico e privato. «Lo riprendiamo in quanto presidente del Consiglio» si difendono i direttori tg. E che così si fa un'indiretta ma redditizia campagna elettorale. «A me la morte non fa paura» ha dichiarato la Montalcini. È vero: sono i vivi a fare paura, soprattutto se appartengono a quel grande allevamento di cavalli berlusconiano da dove vengono scelti, sì, gli Incitatus senatori, ma anche ministri, onorevoli, manager, direttori generali.

(19 aprile 2009)

Obama tende la mano a Cuba.
A noi resta Berlusconi

Al Circo Massimo, Epifani aveva criticato l'adagio siciliano «Munnu è e munnu sarà», espressione di fatalismo gattopardesco. Ora Obama tende la mano a Cuba, riconoscendo agli esuli che da quasi cinquant'anni vivono in Usa la possibilità di viaggiare da e per L'Avana, e le rimesse bancarie. L'embargo sta diventando un ferrovecchio. E Obama ha stretto la mano a Chávez. Con lui si profila la figura di un nuovo uomo politico. Se questa storia fosse un romanzo, il titolo sarebbe: L'uomo che faceva la sua parte. *Obama fa la prima mossa. Tocca ai destinatari delle sue aperture rispondere «munnu è e munnu sarà» o contribuire a cambiarlo radicalmente.*

Le critiche a Obama, sia negli Usa sia in Europa, hanno ripreso a fioccare. La primavera di Obama fa venire l'allergia a tutti coloro che si riconoscevano in Bush, la cui politica estera ha prodotto centinaia di migliaia di morti in Iraq e Afghanistan e la cui politica economica ha prodotto milioni di poveri in tutto il mondo. Se le critiche a Obama sono cominciate quando tese la mano all'Iran, l'apertura a Cuba e all'America Latina non potrà che moltiplicarle. Verranno soprattutto da chi, come il nostro ineffabile Berlusconi, ha basato le sue fortune sull'agitare la bandiera di un ipotetico pericolo comunista. E molti governanti, per ciò che riguarda le misure anticrisi, pur dichiarandosi d'accordo con Obama, si guarderanno bene dal seguirlo. E infatti negli Usa già si segnalano i primi, se pur deboli, segni di una ripresa, mentre in Italia siamo ancora nello sprofondo. Che dirle, caro Lodato? Gli americani hanno avuto molto coraggio a eleggere Obama e il loro coraggio comincia a essere ampiamente ripagato. Noi invece abbiamo supinamente rieletto Berlusconi e stiamo ricevendo, per ciò, quello che merita la nostra ignavia.

(21 aprile 2009)

La tragedia della *Pinar*
e le parole dell'onorevole Cota

Diavolo di un Maroni! Li ha cucinati a bagnomaria per quattro giorni. Li ha disidratati q.b., provocando loro qualche piccola colica, qualche dissenteria e qualche reumatismo dovuto a scomode posture. Piccoli (?) disturbi. Ma i 140 disgraziati della nave turca ora sanno che in Italia si fa sul serio. Ovvio: Maroni è un caposcuola e ci tiene – e se ne vanta – alle esibizioni muscolari. Ora, rinfoderati i muscoli d'ordinanza, accolta la nave dei derelitti, si prepara, insieme a Frattini, al redde rationem con Malta. La sceneggiata continua. Ma in punta di diritto, si capisce.

Giocare sulla pelle di 140 migranti è, comunque la si voglia definire, una crudele turpitudine. Per fortuna la cieca ostinazione, umanamente indefinibile, del «feroce Saladino» Maroni e compagni, ha ceduto di fronte alle ragioni, non certo umanitarie, ma politiche, di Frattini. E quegli esseri disidratati, ustionati, affamati, alcuni dei quali avevano bevuto acqua di mare, sono sbarcati in Sicilia. I primi soccorsi li avevano già ricevuti da un elicottero della guardia costiera che aveva anche calato sulla nave quattro medici. Uno spreco inutile, secondo il leghista Roberto Cota, perché, sono parole sue durante il tira e molla con Malta, «a bordo della nave non c'è nessuna emergenza sanitaria». Ma chi lo aveva informato? Ha dichiarato l'inviato della radio tedesca Karl Hoffman: «La puzza di umano è inevitabile, ma nonostante l'evidente sofferenza, ho visto compostezza e dignità». L'onorevole Cota ha mai provato a stare mesi senza lavarsi e senza cambiare un capo di biancheria? Ci provi, ma stando esposto prima al sole della Libia e poi del Mediterraneo, e bevendo per qualche giorno acqua di mare. Vedremo, se dopo avrà la stessa compostezza e dignità dimostrate da questi migranti.

(22 aprile 2009)

La crisi delle Borse
e l'eccesso di ottimismo di Tremonti

Non è che portano iella? La Borsa, zitta zitta, tomo tomo, come diceva Totò, non faceva altro che chiudere in rialzo, quand'ecco, elefante in una cristalleria, irrompere Tremonti: «La crisi delle Borse è passata». E la Marcegaglia ha fatto da eco. L'indomani, la Borsa: meno 4. Da un corsivo di Fortebraccio, al secolo Mario Melloni: «Una volta, alla Commissione esteri della Camera, presieduta (cose da pazzi) dall'onorevole Cariglia, lo stesso Cariglia se ne uscì a dire: "Io vorrei consigliare all'Unione Sovietica...". Tutti i deputati presenti [...] si soffiarono il naso ma non per un'improvvisa costipazione, no, era che ridevano». Della serie: chi ci governa e dirige abbia il senso della misura!

Quanto sarebbe meglio per loro se fosse iella, caro Lodato! Perché lo iettatore il potere che si porta addosso l'ha avuto come dono, si fa per dire, di natura. È un incolpevole, così l'hanno visto Pirandello, Eduardo e Totò. Invece, lorsignori, come li chiamava il grande e indimenticabile Fortebraccio, sono colpevoli di una tale presuntuosa ignoranza che li porta a sbagliare tutte le previsioni. E meno affidabili di quelli che fanno le previsioni del tempo, che almeno si basano su dati scientifici. Come si fa a sostenere che il peggio è passato se tutti gli addetti ai lavori degli altri paesi dicono che fino al 2010 non vedremo la fine del tunnel? Se viene chiesto il raddoppio della cassa integrazione? Se l'esportazione è crollata? E la produzione industriale è ancora ferma nel mondo? Tremonti ha definito sprezzantemente «indovini» quelli che la vedono nera. Perché lui, invece, è costretto a fare l'indovino che la vede rosa. L'ordine di Piccolo Cesare è l'ottimismo. E Tremonti si adegua, anche se sembra quel ministro di Saddam che negava la presenza dei carri armati Usa parcheggiati a due passi da lui.

(23 aprile 2009)

Mezzo con il 25 aprile e mezzo con i terremotati. La furbizia del premier

Domani, 25 aprile, Silvio Berlusconi sfoggerà il cappello del partigiano. L'uomo è così e in fondo non c'è niente di male a sottolineare un anniversario o un avvenimento, una catastrofe o un luogo esotico, con un copricapo che faccia da richiamo. Di modo che, incontrandolo, tutti sappiano dal suo cappello che giorno è e dove si trovano; come gli abitanti di Königsberg che regolavano gli orologi sulle uscite di casa di Immanuel Kant, proverbiale per la sua puntualità. Infine, va detto che non possiamo pretendere che il nostro premier sia antifascista sino alle suole delle scarpe: ci va già bene che domani, dalla sua collezione, scelga il cappello del partigiano!

Dalla sua discesa in campo, quanti cappelli abbiamo visto in testa a Berlusconi a nascondere una calvizie poi miracolosamente sparita? Ma più si cambiano cappelli e più si perde identità. Tanto per fare un esempio, Tommaso Campanella, che sui cappelli aveva dissertato, venne identificato attraverso il cappellaccio nero che non si toglieva mai. Sherlock Holmes, nella nostra memoria, è indissolubilmente legato al suo cappello da cacciatore, come lo è il Bogart di *Casablanca* al Borsalino floscio e alla sigaretta all'angolo della bocca. Ma se l'abito non fa il monaco, meno che mai lo fa un cappello. E infatti l'astuto Silvio, che mai prima aveva celebrato il 25 aprile, quest'anno sarà sì presente, ma a Onna. Scelta furbastra, a perfetta norma di personaggio: mezzo Berlusconi è con i terremotati, l'altro mezzo è lì per il 25 aprile. Così tutti restano gabbati e contenti, amici e avversari; da La Russa, contrario alla presenza del capo del governo, a Franceschini, che aveva commentato: «Meglio tardi che mai». Morale: non basta cambiare cappello se il cervello che gli sta sotto rumina gli stessi oscuri pensieri.

(24 aprile 2009)

Tutti i partigiani liberarono l'Italia. Le parole di Giorgio Napolitano

La Resistenza è davvero a miccia lunga se tutti, sessant'anni dopo, convinti e no, parlano della Liberazione come festa di «tutta la nazione». Il capo dello Stato, Giorgio Napolitano: «I partigiani, piaccia o non piaccia, furono determinanti per ridare libertà all'Italia». Evitiamo, quindi, di cadere nell'errore di chi pensa che Berlusconi, che oggi ci sarà, sia stato indeciso sino all'ultimo fra il fare una promessa o il lanciare una minaccia. Berlusconi ne ha fatta di strada: una volta voleva andare a far visita ad Alcide Cervi, il papà dei sette fratelli giustiziati dai fascisti, che però era morto da tempo. Berlusconi lo seppe molto dopo.

Riconoscere che la ricorrenza della Liberazione sia festa di tutti gli italiani è un gesto che giunge tardivo. Me lo lasci dire, caro Lodato. Per anni abbiamo ascoltato la scusa di coloro che disertavano: è una festa comunista. Vorrei dire agli smemorati, e a chi non sa, che a dirigere l'insurrezione era il Cln, il Comitato di liberazione nazionale, con rappresentanti di tutti i partiti: dal comunista al monarchico; dal socialista al democristiano; dall'azionista al liberale; e alla cui testa, a Milano, c'era il generale Cadorna, che rappresentava anche le migliaia di soldati e ufficiali che combattevano il nazifascismo, senza bandiera di partito. L'Italia tutta si riconosceva nel Cln. Con la tesi della festa di parte, hanno rinnegato i loro stessi caduti nella lotta partigiana. Questo 25 aprile segna un'altra data importante. Mi riferisco al discorso del presidente della Repubblica, Giorgio Napolitano, che ha ricordato come Resistenza e Costituzione siano indissolubilmente legate e detto parole chiarissime contro chi vorrebbe metter mano alla Carta per adeguarla ai suoi interessi. Questa festa della Liberazione segna, grazie a Napolitano, un'altra liberazione: quella dagli equivoci.

(25 aprile 2009)

Le cause perse e quelle sbagliate

Facile dire che con un poco di zucchero la pillola va giù, la pillola... Per Silvio Berlusconi, Resistenza, 25 aprile, Costituzione, non sono il frutto di un movimento di popolo che ci liberò dal nazifascismo, ma solo la faccia di una medaglia. L'altra faccia, e lo ha detto proprio il 25 aprile dopo aver reso omaggio all'Altare della patria, è rappresentata dai repubblichini di Salò: «Coloro che credendosi nel giusto hanno combattuto per una causa che era persa». Una causa «persa», non una causa «sbagliata». Le parole sono pietre, diceva Carlo Levi.

Berlusconi, con il 25 aprile, ci sta come i cavoli a merenda, ha scritto Michele Serra. E continua a darne prova con la frase da lei citata, caro Lodato. Combattere per una causa che si sa persa può anche essere sacrosanto, come ci ha spesso dimostrato la Storia. Combattere per una causa non solo sbagliata, ma che va contro i principi dell'umanità, è comunque disonorante. Cade a taglio un articolo di «Repubblica» che recensisce uno studio di Monica Fioravanzo la quale, documenti alla mano, racconta che durante il periodo repubblichino Mussolini e i suoi non furono semplici marionette azionate dai nazisti, come spesso si è voluto far credere; esecutori d'ordini privi di volontà propria. Al contrario, essi ebbero posizioni non allineate sui dettagli, e mai si dimostrarono «feriti» o «languenti», secondo la definizione di La Russa e soci, ma entusiasti e fedeli collaboratori. Tedeschi e repubblichini si trovarono sempre d'accordo, senza se e senza ma, su un punto preciso: l'implacabile persecuzione contro gli ebrei. Basta questa concordia da carnefici a qualificare la Repubblica di Salò. Pietà è una parola, assoluzione un'altra.

(26 aprile 2009)

Partigiani e repubblichini.
Io non credo alle aperture del premier

Sarà una mossa mediatica. Sarà il bicchiere di cicuta che va tranguggiato pur di restare in sella in vista della candidatura a capo dello Stato. Sarà una delle dichiarazioni di quel milione di dichiarazioni che ha smentito il giorno dopo prendendosela con giornalisti e telegiornali che l'avevano travisato. Ma se le parole del 25 aprile sono pietre, lo sono anche quelle dell'indomani. E il 26 aprile Silvio Berlusconi ha annunciato solennemente: «Il disegno di legge sull'equiparazione di partigiani e repubblichini di Salò sarà ritirato».

Ma lei davvero intende cascarci come stanno facendo in tanti del centrosinistra? Lei crede che Berlusconi bloccherà davvero il disegno di legge che equipara partigiani e repubblichini? Guardi che ha esordito dicendo che lui della faccenda non sapeva nulla e quando dice che non sa niente di una cosa viene a dire che sa benissimo tutto. Esordì così anche per la Englaro e andò a finire come sappiamo. Equiparare i repubblichini ai partigiani non è concedere una pensioncina a degli ultraottantenni, come sostiene il furbo Storace, ma significa l'implicito riconoscimento giuridico di Salò. Questa è una legge che Berlusconi farà ritirare nella forma attuale, ma che di sicuro riproporrà in modo diverso alla prima occasione, magari infilandola fra una norma per la coltivazione del ficodindia e una per l'incremento della fabbricazione dei lacci per scarpe. Farà come per la legge salvamanager che metterebbe in sicurezza personaggi come quelli della Thyssen: nessuno la vuole, tutti proclamano che sarebbe una vergogna, Tremonti ha addirittura minacciato le dimissioni, eppure, com'è, come non è, un'abile manina, ultima quella del ministro Sacconi, la fa ricomparire dove uno meno se l'aspetta. Questi, più che politici, sono maestri nel gioco delle tre carte.

(28 aprile 2009)

Un paese senza verità.
Pieno di odio e insieme spensierato

Nel 1978, Leonardo Sciascia scrive a Anna Maria Ortese: «Cos'è questo paese? Un paese, sembra, senza verità; un paese che non ha bisogno di scrittori, che non ha bisogno di intellettuali. Disperato. Pieno di odio. E nella disperazione e nell'odio propriamente spensierato, di un'insensata, sciocca vitalità». Ma questo paese, per Sciascia, non escludeva l'altro: «Come nascosto, come clandestino, un paese serio, pensoso, preoccupato, spaventato». Trent'anni dopo, il paese pieno di odio si è incarognito. Tanto da aver reso l'altro paese, serio e pensoso, non solo clandestino, ma al limite della legge. Scrivere serve ancora a qualcosa?

La frase di Sciascia da lei citata, caro Lodato, è la cartella clinica di un paese profondamente ammalato. Sciascia aveva il dono della chiarezza e della sintesi, e i punti chiave della sua diagnosi sono due: «un paese senza verità» e «insensata, sciocca vitalità». Siamo nel 1978, ma queste parole sono applicabili tanto al 1935 quanto al 2009. Si potrebbero riferire sia alla mancanza di verità e al vitalismo ginnico dell'era fascista, sia alla menzogna sistematica e al fervore ottimistico dell'era berlusconiana. Il nostro paese non ha mai voluto guarire, con le cure indispensabili, e anzi, fra un medico severo e uno spacciatore da fiera di toccasana, ha sempre preferito il secondo. L'altro paese, quello preoccupato e che dice di esserlo, è emarginato dal carnevale imperante. Fra qualche anno le persone serie saranno costrette per decreto ad andare in giro agitando una campanella come erano obbligati a fare i lebbrosi. Berlusconi ha detto che il pessimismo non porta lontano. Temo, invece, che il suo insensato ottimismo ci condurrà a un medioevo prossimo futuro. Quanto all'utilità dello scrivere... non so se non serva più, ma, mi dica lei che altro fare.

(29 aprile 2009)

Da *Colpo grosso* alla presidenza del Consiglio e le veline «europee»

Fini prende le distanze dalla scelta di Silvio Berlusconi di rimpolpare le liste Pdl per le europee con letterine e letteronze. Ma molti non sanno che Berlusconi fu l'autore principale di Colpo grosso, *con le celebri ragazze Cin Cin che, su Italia 7, mostravano seno e lato B. Sarà anche per questo che centri di bellezza, centri massaggi e palestre stanno diventando le nuove sezioni del Pdl che, più che a un partito leggero o pesante, sembra ispirarsi a un modello di partito adamitico. E qualche politologo proporrà un partito delle ragazze Coccodè, le altrettanto celebri ragazze di Renzo Arbore, per fare vera opposizione in Italia.*

Era antica tradizione meneghina quella del cumenda che, dopo essersi sbracciato ad applaudire le girls che sfilavano in passerella con la Osiris o con Macario, ne eleggeva una a compagna di notti o, più raramente, di vita. Ma mai il cumenda si sarebbe sognato di farla partecipare ai suoi affari. Una cosa è il letto, un'altra i danè. La mutazione è avvenuta col cumenda dei cumenda, ossia il nostro Cavaliere, che pensa di utilizzare queste bellezze, ora provenienti dalle tv, a scopo elettorale. Si fosse limitato a farle comparire sui cartelloni, poco male. Il grave è che le mandi nel Parlamento, nostrano o europeo che sia, dopo un breve, ma indispensabile, corso di educazione politica, in modo che queste creature sappiano almeno distinguere il presidente del Senato da un vigile urbano. E questo conferma quale altissimo concetto Berlusconi abbia delle istituzioni e del Parlamento. D'altra parte, i finiani che protestano sono quanto mai patetici: non hanno ancora capito chi è il padrone del vapore. Comunque, caro Lodato, è meglio pescare onorevoli nei sottoboschi tv che nei grandi vivai mafiosi, camorristi e piduisti.

(30 aprile 2009)

Maggio

Quel collier per Noemi

Il papà di Emanuela Romano ha minacciato di darsi fuoco se Berlusconi non gli avesse messo la figlia in lista. Noemi, per la festa dei suoi diciotto anni, si è ritrovata in casa Berlusconi, che le ha regalato un «collier d'oro e diamanti». Cirino Pomicino non ha trovato il posto in lista. Clemente Mastella, l'onorevole a data di scadenza illimitata, trova sempre quello che cerca. Silvio sarà anche «papi», come lo apostrofa Noemi. Ma «papi» sembra avere figlie e figliastre, figli e figliastri. Un po' quello che gli rimprovera Veronica, sua moglie.

L'aspetto più ridicolo di questa ridicola storia delle veline candidate che sta facendo il giro del mondo è la smentita di Berlusconi. Si tratta, ha detto, di una bufala della stampa comunista. E i suoi lettori se la sono bevuta, dato che nessuno dei giornalisti presenti ha ribadito che tutta la faccenda invece era nata da una posizione fortemente polemica della fondazione FareFuturo di ispirazione finiana. Ha ammesso, invece, di avere partecipato alla festa per i diciotto anni di Noemi, alla quale ha fatto un regaluccio piuttosto costoso. È quest'ultimo episodio che inquieta. Alle veline siamo abituati. Si tratta di un passo falso per due motivi: costituisce un'implicita ammissione di vecchiaia, dato che più si invecchia e più si è attirati dalla, diciamo così, freschezza giovanile. E con il regalo del collier, dimostra un aperto disprezzo verso l'assoluta povertà nella quale versa una famiglia italiana su tre. Non è un gesto da presidente del Consiglio, ma da odioso miliardario alla Paperone. E in quanto al signore che ha tentato di darsi fuoco, spero che nessuno lo segua. Se tutti quelli che sono stati ingannati da Berlusconi facessero lo stesso, l'Italia si trasformerebbe in un immenso rogo. Non è meglio «bruciare» lui non votandolo?

(1° maggio 2009)

Contro le estorsioni mafiose: la norma annullata da Alfano

I Maroni e i Mantovano, che vorrebbero far la voce grossa con i mafiosi pretendendo l'obbligo per l'imprenditore di denunciare le estorsioni del racket, hanno il candore dei boy scout. Ispirano quasi tenerezza perché poi è arrivato il ministro della Giustizia, Angelino Alfano, che ha detto papale papale che di un simile obbligo non se ne parla proprio. E la norma che imponeva all'imprenditore di informare la giustizia è stata colpita e affondata. Maroni si accontenti se i medici denunciano i clandestini. Che i mafiosi, invece, votano e tornano sempre utili.

Nella cancellazione della norma che avrebbe dovuto costringere gli imprenditori di appalti pubblici a denunciare le eventuali estorsioni mafiose, c'è un retroscena. La norma venne inserita da Maroni e da Mantovano su insistente richiesta di Ivan Lo Bello, presidente di Confindustria Sicilia, e di Cristina Coppola, dell'antiracket campano: Lo Bello era riuscito, già dall'anno scorso, a far sì che gli imprenditori siciliani che non denunciavano il pizzo venissero espulsi dalla Confindustria. Posizione inedita, coraggiosa e rischiosa, che stava cominciando a dare buoni risultati. Quindi la cancellazione voluta da Alfano, che si è consultato con chi di dovere a palazzo Chigi, in realtà serve a vanificare il coraggioso atteggiamento degli imprenditori siciliani onesti e segna un bel punto a favore della mafia. D'accordo con lei, caro Lodato, che la norma avrebbe irritato mafia e camorra, che si sarebbero vendicate dirottando altrove la loro riserva di voto. Ma non si tratta solo di voto. Ci sono il ponte sullo Stretto, la ricostruzione dell'Abruzzo, la fiera di Milano... Torte grandiose e succulente che fanno gola ai mafiosi, agli amici dei mafiosi, agli amici degli amici dei mafiosi. Diamo loro un aiutino, via!

(3 maggio 2009)

La signora Veronica
vittima del rancore di Piccolo Cesare

Pioggia di fango in arrivo. Camerieri, schiavi e schiavetti dell'informazione daranno il meglio: come si permette la «signora Veronica» di dire che non può stare con un marito, il «papi nazionale», perché «frequenta le minorenni»? E poiché un divorzio si porta dietro una scia di contenziosi, al fango seguirà la valanga di «lodi» in materia di diritto di famiglia. Il primo a far capolino è stato l'avvocato Ghedini; il resto del circo sta già affilando gli argomenti in difesa di «papi». Bruno Vespa se ne occuperà con un Porta a porta *a base di dna?*

Due considerazioni, fra le tante che la signora Veronica fa sulle ragioni che l'hanno costretta a chiedere il divorzio, vanno oltre la vicenda familiare. «Mi domando in che paese viviamo» si chiede, e «come sia possibile accettare un metodo politico come quello che si è cercato di utilizzare per la composizione delle liste elettorali.» Cara signora Veronica, molti di noi ci chiediamo da tempo in che paese stiamo vivendo, e non solo per la formazione delle liste elettorali. Un vecchio detto si domanda se sia più imbecille Carnevale o chi gli va appresso. Dalle sue parole comincia a trapelare una risposta. Oltretutto credo che lei stia sperimentando sulla sua pelle il torvo rancore di Piccolo Cesare, uso ad aizzare contro le sue vittime i suoi indecenti giornalisti, i suoi ringhianti adoratori, i suoi boia, i suoi deliranti servi. E tutto l'esercito di coloro che lo votano a occhi chiusi, non sai più se colpevoli o infelici. Lei afferma di avere pregato invano i sedicenti amici di suo marito di stargli vicino «come si farebbe con un persona che non sta bene». Perché le è venuto in mente questo paragone? Sarebbe importante per tutti noi sapere come la pensa sulle reali condizioni del futuro Imperatore d'Italia.

(5 maggio 2009)

La vittoria del centrosinistra in Trentino.
E se annettessimo l'Italia a Trento?

Trento non è più Italia. Avevamo fatto tanto per riannetterla allo Stivale. Fatica sprecata. A Trento, infatti, i sondaggi con i quali «papi» si attribuisce un televisivo 75 per cento evaporano. 64,4 al centrosinistra, 20,6 al Pdl: voti usciti dall'urna, non dal televisore. Difficile dire se simile tendenza evidenzi gli umori carsici del paese. Certo è che questo voto ha l'aria di assomigliare al cigolio che si avverte nei film gialli quando la suspense raggiunge l'acme. E con il cigolio, il regista vuole che lo spettatore non sia colto impreparato.

Il risultato di Trento è stato, prima ancora che una schiacciante vittoria del centrosinistra, una gran brutta sberla per il Pdl, che scivola al terzo posto tra i partiti in lizza. E i soliti venditori di fumo, Capezzone, Gasparri, Cicchitto e compagnia, se ne sono stati zitti; né hanno tentato di minimizzare la sconfitta, sostenendo che si trattava di amministrative senza importanza. Corrono brutti tempi per gli spacciatori quotidiani del Pdl, costretti a un quaresimale silenzio, vuoi per l'imbarazzante secondo divorzio di «papi» Berlusconi, vuoi per questo risultato elettorale. I trentini sono schivi, saggi e con i piedi per terra. Sanno benissimo che al di là dei fuochi di artificio berlusconiani c'è una realtà che ogni giorno diventa più dura e difficile. Ragionano con la loro testa e capiscono che le cortine fumogene non riusciranno a nascondere gli effetti concreti sull'economia reale delle previsioni europee a meno 4 per cento di Pil e a più 113 per cento di debito pubblico. E che se non ci si dà da fare, almeno localmente, con una buona amministrazione, si rischia grosso. Nel 1915-18 facemmo una guerra per l'annessione di Trento all'Italia. Che si può fare oggi perché l'Italia tutta sia annessa a Trento?

(6 maggio 2009)

La *damnatio memoriae* della signora Veronica e la berlusconite dilagante

Camilleri, minchia! Scusi per l'incipit, ma martedì, essendo in vena di fioretti laici, ho letto «Il Giornale» per vedere come trattavano la pratica Trento: quindici righe in basso, a pagina 12! Ora lei capisce il mio incipit. In compenso, c'era un articolone su Franceschini; un editoriale, molto nervosetto, di Mario Giordano, il direttore, al quale pare si stia parlando troppo dei peccatucci veniali di «papi»; una perla, a pagina 19, che da sola valeva l'acquisto: «Se uccidi la moglie [...] hai diritto a uno sconto di pena», con la foto di Marcello Mastroianni in Divorzio all'italiana. *Sembrava un suggerimento subliminale...*

La foto del film *Divorzio all'italiana*, se non è un suggerimento subliminale è un lapsus freudiano che rivela un pio desiderio. Credo che siano in tanti, tra i seguaci di Berlusconi, ad augurarsi la cancellazione dalla memoria degli italiani della signora Veronica, come accadde alla signora Ariosto, teste chiave del processo Previti. Qualcuno se ne ricorda ancora? La sera del 5 maggio, in contemporanea o quasi, Berlusconi a *Porta a porta*, Cicchitto su La 7 e Bondi a *Ballarò* hanno iniziato la *damnatio memoriae* della signora Veronica, in modo coordinato e massiccio. Parola d'ordine: è caduta in un diabolico tranello della sinistra. Ma per Berlusconi, oltre che un'ingenua, facile a essere sobillata, è anche bugiarda, essendo del tutto falso il fatto della sua non partecipazione ai compleanni dei figli. Vuol sapere, caro Lodato, come penso che finirà? La signora Veronica verrà sommersa dall'indignazione popolare e il consenso a Berlusconi salirà oltre i limiti bulgari. La berlusconite, mio caro amico, è un'infezione mortale incurabile, che porterà alla rovina l'Italia tutta. Come già accaduto con un altro capo di governo, Benito Mussolini.

(7 maggio 2009)

Le donne del Cavaliere: un tragico carnevale che rischia di durare a lungo

Che intendeva Silvio Berlusconi quando dichiarò: «Se escono certe mie telefonate lascio l'Italia»? Che intendeva quando profetizzò: «Sta per uscire uno scandalo che sarà il più grande della storia della Repubblica»? È rimasto in Italia e di «certe telefonate» non si è saputo più nulla. Se «papi» ha chiesto alla signora Lia Giovanazzi Beltrami, assessore a Trento, se «poteva palparla»; se in Campidoglio ha detto: «Amo le finlandesi, ma oltre i diciotto anni»; se sua moglie Veronica, cadendo nella trappola rossa, dice che non può stare con un marito che frequenta minorenni, ma che mai ci sarà stato in quelle telefonate di così grave da fargli mettere in conto l'espatrio?

Caro Lodato, non è elegante autocitarsi, ma devo ricordare i versi di una mia poesia «incivile» dedicata a Berlusconi: «Ha più scheletri nell'armadio lui / che la Cripta dei cappuccini a Palermo». Perciò lei capisce come sia difficile intuire a cosa si riferiva quando dichiarava che avrebbe lasciato l'Italia se certe sue telefonate venivano rese note. Dal punto di vista economico possiede un impero variamente ramificato, e altrettanto può dirsi per il suo impero, forse più ramificato dell'altro, composto di vallette, veline e starlette. Di sicuro si sarà trattato di telefonate molto compromettenti, indirizzate all'uno o all'altro impero. Oltre non possiamo spingerci. Ma basta e avanza quello che fa e dice alla luce del sole, ad esempio la richiesta di palpamento a un'attonita signora, per dimostrare a tutti che i suoi freni inibitori avrebbero urgente necessità di revisione. Dopo la bufera che si è abbattuta su di lui, è apparso sorridente, come se niente fosse, facile alle battute facili, e dimentico degli inviti alla sobrietà che gli sono giunti da più parti. Questo tragico carnevale italiano è destinato a durare a lungo.

(8 maggio 2009)

«Indovina chi viene a cena?» «Papi»

Siamo l'unico paese al mondo con un premier vietato ai minori, da mandare a notte fonda, quando su certi canali iniziano le programmazioni hard. «Papi» sta inaugurando un nuovo filone di commedia all'italiana, si fa per dire. E saranno titoli da cassetta: «Il premier e il gran debutto delle diciottenni»; «Il premier che voleva palpare alle cerimonie ufficiali»; «Il premier e le ministre alla scuola di partito»; «Il premier e le notti bianche finlandesi»; «Le fanciulle sulle ginocchia del premier»; «Indovina chi viene a cena? Papi».

C'è chi è passato alla storia per avere cambiato il suo paese, chi per avere promosso trattati internazionali fondamentali, chi per essersi prodigato per il benessere mondiale. In genere, questi celebrati personaggi sono, al contrario, detestati dagli studenti costretti a subirsi le innumerevoli pagine che i libri di storia dedicano loro. Non sarà così per gli studenti che, metti nel 2050, si imbatteranno nel grande statista italiano del quale è superfluo fare il nome. Si divertiranno un mondo. Naturalmente mi riferisco agli universitari, perché, come dice lei caro Lodato, a quelli inferiori di anni diciotto ne sarà proibita la lettura. Insomma, anche dopo la sua scomparsa, il nostro statista avrà ampi consensi. Specialmente se il libro di testo avrà un corredo di illustrazioni che riportano le immagini, al naturale, di alcune fra le sue più procaci collaboratrici politiche. Però, suppongo che i film che ne celebreranno le gesta, alla stregua di un Napoleone o di un Lincoln, non avranno i titoli che lei suggerisce. Quei titoli sono sulla scia, non della commedia all'italiana, ma dei film di quart'ordine con Alvaro Vitali nella parte di Pierino. E qui invece ne siamo distantissimi, ci troviamo a un livello assai più basso, quale però non so immaginare.

(9 maggio 2009)

Carlo Rossella:
«Stato di emergenza sulla gnocca»

«La sinistra pensi agli amorazzi suoi» ammonisce Carlo Rossella in un'intervista a «Il Giornale» che inizia così: «Proclamiamo lo stato di emergenza sulla gnocca». E la giornalista, che trascrive, lancia un gridolino: «Carlo Rossella, proprio lei che è maestro di eleganza...». Lui, tetragono: «Voglio una commissione d'inchiesta sulle belle donne amanti dei politici». Insomma, una prosa politica paragonabile a quella de La rivoluzione liberale *di Gobetti; dei* Discorsi alla Costituente *di Togliatti; delle* Lettere sul concordato *di De Gasperi.*

Non c'è niente da fare, hai voglia ad atteggiarti a *magister elegantiarum*, a giramondo raffinato, ad attempato ganimede, basta grattare un po' la superficie ed ecco venire fuori il background, per usare una lingua cara a Rossella, impastato di volgarità e pecoreccio. Il nostro giornalista emerito, parcheggiato da Berlusconi come presidente della Medusa, adopera, per difendere il suo datore di lavoro, la tecnica battezzata da Umberto Eco come lo «sputtanamento globale». Vogliamo anche parlare degli amorazzi della sinistra?, si domanda polemicamente Rossella. Come a dire: anche voi non siete esempi di virtù. È la stessa tecnica difensiva usata da Craxi in Parlamento al tempo di Mani pulite. Ladri noi, ma ladri tutti. Solo che c'è una piccola differenza che Rossella finge di non cogliere. Un deputato che si porta a letto due ragazze e sniffa con loro fa danno a se stesso, alla sua famiglia, al suo partito. Ma un presidente del Consiglio è un'altra cosa: se dà scandalo, esso non solo investe lui, la famiglia e il partito, ma soprattutto la nazione che rappresenta. Non mi pare differenza da poco. E il fatto che un'ex forzaitaliota arrabbiato definisca il regime berlusconiano una «mignottocrazia» qualcosa dovrà pur significare.

(10 maggio 2009)

Berlusconi ha gettato la maschera e si è pontidizzato

L'Italia non applica più l'articolo 5 del regolamento del penitenziario di Alcatraz: «Avete diritto a vitto, alloggio, indumenti e assistenza. Tutto il resto consideratelo un privilegio». E ricaccia i bingo bongo, direbbe Bossi, nei lager dai quali scappano. Posti in tram solo per «milanesi». Il ghigno di Maroni. Noemi al «Times»: «Berlusconi lo chiamo papi, ma non è il mio papà». I finlandesi: Berlusconi non è mai stato in visita ufficiale nel nostro paese. Lui dice il contrario. Ed esulta: «Ho il 75 per cento». Vero è che per noi «il fine giustifica i mezzi» e che è sempre arduo far capire agli stranieri chi sono gli italiani. Ma di questo passo, sarà arduo spiegare l'Italia agli italiani.

Ma che bisogno c'è di spiegare l'Italia agli italiani? Quelli che hanno votato e votano Berlusconi sanno benissimo cos'è l'Italia. E se la godono alla grande, fra un'evasione fiscale e l'altra, un falso in bilancio e l'altro, un condono e l'altro, un rigurgito razziale e l'altro, un papi e l'altro. Parlo di quelli che l'hanno votato sapendo ciò che facevano, non dei poveracci illusi. La minoranza lo sa anch'essa e soffre la sua diversità. D'altra parte ha ragione lei, caro Lodato. Come spiegare ai non milanesi l'incommensurabile imbecillità della proposta dei posti in tram riservati ai meneghini? Come si fa a spiegare quanta disumana crudeltà ci sia dietro l'intercettazione e la deportazione in Libia degli extracomunitari? Berlusconi ha gettato la maschera schierandosi coi leghisti, tanto che Calderoli ha affermato che Berlusconi è stato «pontidatizzato». Infatti non vuole un'Italia multietnica, il che dimostra quanto egli sempre più si allontani dalla realtà. Mentre noi, costretti tra ignominia e stupidità, questa orrenda realtà italiana la dobbiamo ogni giorno vedere e patire.

(12 maggio 2009)

Delinquenti, dentisti e pm.
Così Berlusconi offende la memoria di suo padre

Per molto tempo avevamo pensato che Silvio Berlusconi sfuggisse alla regola, simile agli dei di cui parla Sallustio: «Ogni dio è imperituro e ingenerato». Invece anche lui ebbe un papà, non un papi, che è altro tipo di parentela. Dal quale papà, come tutti noi, ricevette perle di saggezza e scampoli di educazione. Berlusconi, un po' di tempo fa: «Papà mi insegnò che se vuoi far male al prossimo o fai il delinquente, o il dentista o il pm». Forse, il papà si era fermato ai «dentisti». E il bambino prodigio ci ha messo del suo.

Se di mamma ce n'è una sola, anche di padre dovrebbe, almeno in teoria, essercene uno solo. Quindi Berlusconi parla di quello stesso padre che l'avrebbe, in tenera età, condotto in un cimitero di guerra americano per fargli giurare eterna amicizia agli Usa difensori della libertà. Sembra una scena da libro *Cuore*, ma passi. Però, che il padre gli abbia detto la frase che lei, caro Lodato, riporta, mi suona falso. Come del resto anche lei sospetta. A quell'epoca i pm non esistevano, si chiamavano giudici istruttori. E non erano né le toghe rosse, né i Torquemada, né i malati di mente che Berlusconi descrive ai suoi affascinati elettori. Quelli semmai vennero dopo, quando misero gli occhi su alcuni affarucci non tanto limpidi del Cavaliere, ma allora il papà del nostro Silvietto mi pare che non ci fosse più. Con questa battutaccia, Berlusconi ha offeso, a parte pm e dentisti che non fanno più male, la memoria di suo padre. Perché o quella frase non fu detta, o, se lo fu, significa che anche suo padre aveva avuto da temere dalla giustizia. No, sono sicuro che si tratta di una bugia. E mi permetta di lasciar perdere Sallustio e citare Marziale: «Non sei un mentitore abituale, sei la menzogna stessa fatta persona».

(13 maggio 2009)

«Vita e opere di un uomo politico unico al mondo», almeno secondo «Libero»

A leggere di certi addii strazianti, ci sovviene il titolo di un indimenticabile film di Ettore Scola: C'eravamo tanto amati... *Si allunga la lista dei caduti dalle grazie dell'unto del Signore: Enrico Mentana, Paolo Guzzanti, Mike Bongiorno, Fiorello... Solidarietà ai quattro che cominciano una nuova vita. Ci mancherebbe! Ma se scrivessero un libro di memorie, magari con lo stesso identico titolo:* Quei miei anni con Silvio? *Ne sapremmo delle belle!*

Non sono sicuro che ne vedremo delle belle. Il 12 maggio «Libero» ha iniziato la pubblicazione del primo di sedici fascicoli che illustreranno *Vita, conquiste, battaglie e passioni di un uomo politico unico al mondo*. Inutile dire che si tratta di Berlusconi. L'agiografo sarà Renato Farina, l'indimenticabile Betulla, che vanta «comuni amicizie, letture, ideali» con Berlusconi e sostiene di non avere avuto bisogno del teleobiettivo per accostarsi «alla vita privata del Cavaliere». Anzi, lui a Berlusconi l'ha sempre visto così da vicino da radiografarlo. Di fronte a tale palpitante testimonianza, cosa vuole che valgano le rivelazioni di un Mentana o di un Guzzanti? D'altra parte, sempre in questo fascicolo, Feltri afferma che il 99 per cento dei libri su Berlusconi è fatto di «boiate pazzesche, capolavori da dissenteria cervicale, più noiose della

Corazzata Potëmkin», mentre il restante 1 per cento soffre di «inchinite», che sarebbe l'infiammazione della schiena dovuta alla postura da mandarino dinanzi all'Imperatore. E per dimostrare come lui sia vergin di servo encomio, in copertina mette una grande foto di Berlusconi, sorridente padre di famiglia fra due sue figlie. E un'altra, più piccola, che lo mostra nell'abitino della prima comunione. Come è vero che uno vede la pagliuzza nell'occhio altrui e non la trave nel proprio.

(14 maggio 2009)

Come alzare l'indice di gradimento di Berlusconi

Noemi e i barconi dei disperati pare non abbiano fatto buona pubblicità al governo. L'ultimo sondaggio di «Repubblica», dimostrerebbe che c'è ancora un po' di sale nella zucca degli italiani: Berlusconi perde tre punti in un mese, insieme a Maroni, il ministro dell'Interno già caporonda. Qualcosa si è rotto dopo la megasintonia con gli italiani provocata dalle scosse d'Abruzzo. Insomma: quando la terra trema, Berlusconi sale alle stelle. Quando la terra si stabilizza, Berlusconi scende. E l'opposizione sarebbe in leggera rimonta. Fosse vero, il voto degli italiani sarebbe più materia di sismografi che di sondaggi.

Come le tv che fanno audience quando mostrano immagini di cataclismi e disastri, così Berlusconi sale di punti nel gradimento allorché si fa riprendere in occasioni che colpiscono emotivamente gli italiani. Quando cominciarono ad arrivare in Italia gli albanesi coi gommoni, si precipitò non mi ricordo più dove e offrì ospitalità a intere famiglie. E la sua popolarità fece un gran balzo in avanti. Ma quelli sono tempi lontani, preistorici, risalgono a quando non era succube della Lega e a prima che si spargesse la leggenda che gli albanesi erano tutti delinquenti. Come oggi accade per i romeni e gli extracomunitari. Da allora non ha perso un'occasione per cavalcare l'emotività popolare, dall'emergenza sbarchi alla sicurezza, dal caso Englaro al terremoto. I poveri aquilani, la cui terra continua a tremare, saranno, grazie a Berlusconi, sottoposti ad altri terremoti come l'annunziato G8. Soltanto quando egli appare per quello che è, un arcimiliardario con molti vizi e nessuna virtù, allora gli italiani, come svegliandosi da un sogno, tendono a ridimensionarlo. Ma caro Lodato, possiamo augurarci un terremoto o un'inondazione per fare alzare il gradimento di Berlusconi?

(15 maggio 2009)

Noemi, papi e il signor Nessuno che ha in tasca un numero di telefono

Perché non affida a Montalbano il «caso di papi e Noemi»? Urge un commissario vero, non poveri questurini perduti nella ragnatela delle carte. Da quando è iniziata la storia, è iniziato il magone Elio Letizia. Chi era costui? Forse Montalbano si sarebbe concentrato anche sulla signora Anna Palumbo, mamma di Noemi, per capire se ha un suo ruolo, un peso specifico, uno spessore, insomma una stoffa, in tutto l'affaire. Ma la storia della signora non la ricostruisce nessuno. Boh?

Montalbano, per principio, non vuole mai occuparsi di fatti di cronaca, nera o rosa che sia. E non farebbe un'eccezione nemmeno in questo caso dove, come lei nota, il vero mistero non è quello dei rapporti fra papi e Noemi, ma quello dell'amicizia di vecchia data fra il signor Letizia e Berlusconi. Il quale, su questo punto, ha fornito versioni contrastanti. Prima ha detto che si trattava dell'autista di Craxi. Poi, smentito da Bobo Craxi, ha a sua volta smentito. Smentirsi è una vecchia abitudine del nostro. Poi ha fatto circolare la voce che Letizia era stato un esponente del Psi napoletano. Anche qui sono fioccate le smentite, ma Berlusconi stavolta ha taciuto. Fatto sta che questo signor Nessuno ha in tasca il numero privato del premier e può permettersi di chiamarlo quando vuole, discutendo addirittura con lui di alcune candidature campane. Letizia stesso, interrogato dai giornalisti, ha risposto d'averlo conosciuto allo stesso modo col quale di solito si conoscono le persone. E qui Montalbano appizzerebbe le orecchie. Perché, se fossimo in Sicilia, questa sarebbe la risposta tipica di un mafioso. Ma lungi da me ogni insinuazione. In quanto alla signora Letizia, che dirle? Forse, se fosse stata un tantinello più giovane, di sicuro Berlusconi l'avrebbe candidata da qualche parte.

(16 maggio 2009)

Il mistero Bertolaso.
Adesso fa anche il portavoce del papa

Non pensa che questo Guido Bertolaso si futtiu 'a testa? Contrariato perché il clero locale, con qualche larvata critica, stava rovinando la fiction sul terremoto più bello del mondo, ha rimbrottato il vescovo dell'Aquila. Al papa in visita, ha dato uno strappo in macchina, come fosse un tecnico di Maranello che fa provare una Ferrari al visitatore illustre. Va bene che ha forte identità di vedute – almeno così dicono – con il cardinal Camillo Ruini e Gianni Letta; che è Uomo Emergenza, a capo della Protezione civile e responsabile grandi eventi; che vanta una dichiarazione dei redditi milionaria. Va bene tutto, ma il troppo stroppia.

Bertolaso ai miei occhi rappresenta un enigma vivente. Come fa a tenere testa a tutte le cariche che ha e che sono tutte assai impegnative? Le ore del giorno sono ventiquattro e qualche oretta di riposo se la dovrà pur pigliare. Dove trova il tempo di occuparsi di tutto quello di cui si deve occupare? Non tutti sono come Berlusconi che prima di incontrare Mubarak si trastulla in un night o che fa un salto alla festa di Noemi prima di andare a controllare il termovalorizzatore di Acerra. A meno che Berlusconi, ogni tanto, non gli faccia tirare un sorsetto dalla fiaschetta dove tiene l'elisir magico del dottor Scapagnini. Altrimenti si sbarella e si finisce per rimbrottare il vescovo dell'Aquila il quale ha obbedito rimbrottando a sua volta i parroci. E a proposito della visita del papa c'è di peggio. L'ho visto durante una trasmissione tv. Qualcuno rivolge una domanda al papa, il quale esita un istante prima di rispondere. E Bertolaso, che gli si trova accanto, gli toglie le parole dalla bocca rispondendo lui. Lei dice che il troppo stroppia. Infatti la domanda spontanea è: ma Bertolaso chi si crede di essere? Il papa?

(17 maggio 2009)

Le domande su papi.
E intanto del Pil a meno 5,9 ci dimentichiamo

Da noi il «cherchez la femme» è diventato un «cherchez le chauffeur» (nei panni di Elio Letizia). Il mitico giornalismo anglosassone stava cambiando direzione, con il «Times» che faceva dire ad Anna Palumbo: «Spero che Berlusconi possa fare per mia figlia ciò che non ha potuto fare per me». Poiché la signora, in altra intervista, ha ricordato quando Noemi fu concepita («la notte fra il 2 e il 3 agosto. Nove mesi dopo: una bimba bellissima di 3 chili e 250 grammi»), sembrava fatta. Ma il «Times» ora dice che la sua fonte è un giornalista italiano, che si sono capiti male, e si scusa. Tutto il giornalismo è paese, ma è pur vero che questo è un caso «a prova di giornalismo».

La frase, ispirata alla Sibilla cumana, che la signora avrebbe detto al «Times» era piuttosto ambigua. Nel 1990 lei, già sposata, era una sorta di velina in una tv napoletana. Può darsi che Berlusconi, ancora non sceso in campo, e tutto preso dal suo impero mediatico, le fece intravedere un radioso futuro a Mediaset, non mantenendo poi la promessa? Che quindi la signora nutrisse la speranza che almeno sua figlia non fosse buggerata, come spesso accade a quelli cui Berlusconi promette qualcosa? La signora ha dichiarato di ricordare la notte in cui Noemi fu concepita. E poiché, fino a oggi, l'Arcangelo, quello di «Annunciazione, annunciazione!», non è stato ancora tirato in ballo, vuol dire che ebbe la necessità di una collaborazione maschile. È proprio l'identità del collaboratore accertato che fa nascere molte illazioni. Perché la signora ha un ricordo così netto? Si trattò di qualcosa di eccezionale? La ritrattazione del «Times» aggiunge domande a domande. Che fanno dimenticare agli italiani che il Pil è calato a meno 5,9; che i nostri salari sono i più bassi d'Europa.

(19 maggio 2009)

E meno male che ci rimangono i vignettisti

Non perdiamo d'occhio i vignettisti. Vincino disegna uno spiritato La Russa che ordina ai cannonieri: «Dopo l'Onu, sparate sulla Croce rossa»; Bucchi, un distinto signore che dice: «Quasi quasi mi faccio dare la Ku Klux Kard»; Giannelli, sullo scudetto Inter: «Ultimi per i salari. Ma con il più bel calcio del mondo». L'Italia questa è. E al Mussolini, che a proposito di Antonio Gramsci ordinò: «Impedite a quel cervello di pensare», Berlusconi potrebbe fare il verso: «Impedite a quelle matite di disegnare»...

Come lei saprà, siamo stati classificati fra gli ultimi paesi al mondo per l'informazione. I berlusconiani dicono che è una balla, in quanto in Italia l'informazione è libera. Ma non tengono conto che il dato negativo per l'Italia non riguarda la libertà, ma la qualità dell'informazione. Essendo Berlusconi proprietario di tre reti private, e con il controllo di due su tre reti Rai, possedendo giornali e riviste, è chiaro che buona parte dell'informazione viene da lui direttamente o indirettamente condizionata. Leggere, per credere, la lettera di Mentana a Confalonieri inclusa nel recente libro del giornalista. E dato che molti altri cronisti, diciamo così, non sono sul libro paga della casa, ma tengono famiglia, accade che, spesso e volentieri, essi adottino un atteggiamento soft verso il premier, a scanso di vedersi scagliare contro micidiali fulmini bulgari. Da questa generale pecoronaggine – definizione berlusconiana del giornalismo italiano – si salvano splendidamente i vignettisti. Si salvano e ci salvano. Bisogna essere loro grati perché, con le risate liberatorie che ci regalano, ci risparmiano da attacchi di bile e mal di fegato. «Una mela al giorno leva il medico di torno» si usava dire. Oggi, per levarci il medico di torno, basta una buona vignetta al giorno.

(20 maggio 2009)

Una giustizia a uso e consumo di una sola persona

Dicono i giudici di Milano che l'avvocato David Mills «mentì per salvare Berlusconi». Dice Franceschini: «Berlusconi rinunci al lodo Alfano». Dice l'avvocato Ghedini: «Non lo farà». Dice La Russa: «Evitare la giustizia a orologeria». Dice Cicchitto: «Speculazione». Dice Berlusconi: «Riferirò in Parlamento». Dice «Il Sole 24 Ore» che la famiglia dello chauffeur Letizia possiede sedici appartamenti. L'affare s'ingrossa. Campa cavallo.

È divertente la reazione dei famuli berlusconiani alla pubblicazione delle motivazioni della sentenza Mills. La Russa, distraendosi per un attimo dalla sua guerra personale contro l'Onu e la signora Laura Boldrini, colpevole di portare lo stesso cognome di un leggendario capo partigiano e di essere omonima di una simpatizzante di Rifondazione, rimprovera i giudici per aver reso note le motivazioni prima delle elezioni. Si accorge solo ora il poveretto – la sentenza è del febbraio di quest'anno – che la condanna di Mills implicava la condanna indiretta, anche se taciuta, di Berlusconi. Cicchitto invita addirittura il suo capo a non presentarsi in Parlamento. Siamo d'accordo. In Parlamento, Berlusconi non farebbe che ripetere la solita litania: toghe rosse, giustizia a orologeria, uso politico della giustizia eccetera. Ma il vero e unico provvedimento a orologeria è stato il vergognoso lodo Alfano. A Berlusconi, qualsiasi tipo di giustizia non andrà mai bene perché ne vuole una a suo uso e consumo personale. E contro i magistrati adopera le stesse precise parole di Totò Riina. Ora, nelle sue dichiarazioni dall'Aquila, ha difeso anche la figlia dello chauffeur multiproprietario, secondo «Il Sole 24 Ore». Facendo così una gran confusione fra pubblico e privato. Che le ripetute scosse di terremoto abbiano un qualche effetto sul suo cervello?

(21 maggio 2009)

Il fattore verde che sta dominando dentro la maggioranza

L'opposizione ha una responsabilità che non è mai stata evidenziata. L'aver permesso, a un branco di mattacchioni, di andare in tv pavesati di verde. Si parla tanto di doppio Stato. Di chi sono al servizio i Bossi, i Maroni, i Cota, i Calderoli, i Borghezio, con cravatta verde, fazzoletto verde al collo, fazzoletto verde nel taschino della giacca, fazzoletto verde per il naso, distintivo verde, sciarpa verde? Riunirsi in consorteria, con tanto di colore distintivo, non è un po' eccessivo? Ci sono analoghi precedenti al mondo? Non lo so, ma non credo.

Caro Lodato, non solo la sinistra ha sdoganato questi energumeni ossessionati dal verde, ma ha un pochino inciuciato con loro ai tempi in cui essi trattavano Berlusconi peggio di un extracomunitario e lo definivano «un mafioso». Ma porti un po' di pazienza, prima o poi, anche queste camicie colorate di verde si stingeranno e si consumeranno, come è già accaduto per le loro consorelle nere, brune, rosse, azzurre. Però, intanto, fanno danni. Mi rendo conto che il verde è contagioso quanto la febbre suina. I sintomi immediatamente evidenti sono: stupidità, supponenza, insofferenza, arroganza. Guardi il povero La Russa che ne è stato in questi giorni contagiato. Guardi Berlusconi che ha ricevuto un fazzoletto verde *ad honorem*. Guardi Gasparri nel quale la mai dimenticata fiamma, una volta tricolore, ora ha assunto colorazioni verdi. E a proposito di tricolore, come fa Fini a dire che gli extracomunitari devono rispettare la nostra bandiera, se il suo alleato Bossi, con la medesima, ci si pulisce il sedere? Bastano loro, in Parlamento e Senato, a dimostrare a quale infimo livello sia giunta la politica nel nostro paese. E c'è il rischio che, con la crisi che galoppa, saremo tutti ridotti al verde. E così i leghisti diranno di avere trionfato.

(22 maggio 2009)

Indice dei nomi

Alemanno, Gianni 123-124, 173, 197, 200, 236
Alessandro Magno 22
Alfano, Angelino 55, 70-71, 149, 159, 161, 265, 295
Allam, Magdi Cristiano 38
Almirante, Giorgio 28, 105, 195
al-Zaidi, Montazer 221
Ambrogi, Silvano 92
Amorth, Gabriele 109-110
Andreotti, Giulio 103
Anselmi, Giulio 39
Apicella, Mariano 20
Arbore, Renzo 289
Ariosto, Stefania 301

Baccini, Mario 239
Bach, Johann Sebastian 201
Bagnasco, Angelo 229, 231
Baldassarre, Antonio 17
Banfi, Lino 219
Beckett, Samuel 112
Belli, Giuseppe Gioacchino 58
Beltrami, Lia Giovanazzi 303
Benda, Julien 269

Berlinguer, Enrico 45, 105, 233
Berlusconi, Silvio 15-17, 19, 21-22, 28-29, 35, 39, 41, 62, 76, 78, 93, 99-100, 111, 113, 121, 123, 127-128, 130-132, 137, 142, 147-148, 151-152, 154, 159, 161, 163-164, 174, 179, 180-184, 187, 190-192, 196, 199-200, 205-206, 209-210, 213-214, 217, 219-220, 225-227, 229, 231, 239-243, 245-247, 249, 251, 253, 257-258, 261, 263, 265-268, 272-274, 279-281, 283, 285, 288-290, 293-294, 299, 301-303, 307, 309-319, 321, 323, 325-327
Bernstein, Carl 70
Bertolaso, Guido 78, 319-320
Bertolucci, Bernardo 53
Biagi, Enzo 21, 25-26, 267
Biagi, Marco 25
Bin Laden, Osama 121

Binetti, Paola 165
Bocchino, Italo 35, 157, 247
Bogart, Humphrey 279
Bokassa, Jean Bédel 205
Boldrini, Laura 325
Bolzoni, Attilio 64
Bonaiuti, Paolo 27, 242, 247
Bonardi, Flavio 239
Bondi, Sandro 99-100, 240, 247, 301
Bongiorno, Mike 213, 313
Bonino, Emma 37
Bonocore, Luciano 239
Bontate, Stefano 103
Borges, Jorge Luis 121
Borghezio, Mario 133, 327
Bossi, Umberto 10, 27, 66, 98, 111, 159, 212, 309, 327-328
Bovio, Libero 72
Brenno 221
Bricolo, Federico 247
Brunetta, Renato 59, 101-102, 111, 222, 227-228, 242-244, 247
Bruno, Giordano 143
Bruto, Marco Giunio 27-28
Bucchi, Massimo 93, 323
Buffalo Bill (William Cody) 219
Buscetta, Tommaso 103, 191, 251
Bush, George W. 117-118, 137, 221, 273

Cabrini, Francesca Saverio 72
Cacciari, Massimo 20
Cadorna, Luigi 281

Calabrese, Pietro 23
Calderoli, Roberto 55, 133, 157, 189, 310, 327
Caldoro, Stefano 239
Calvino, Italo 17
Campanella, Tommaso 279
Caparini, Davide 211
Capezzone, Daniele 247, 299
Carfagna, Mara 111
Cariglia, Antonio 277
Caselli, Caterina 39
Caselli, Gian Carlo 103, 199
Casini, Pier Ferdinando 164
Cazotte, Jacques 109
Ceaușescu, Nicolae 205
Cederna, Camilla 26
Celentano, Adriano 165
Cervi, Alcide 281
Cesare, Giulio 27-29
Chaplin, Charles 112
Chávez, Hugo 273
Ciarrapico, Giuseppe 225
Cicchitto, Fabrizio 35, 40, 153, 157, 299, 301, 325
Cirillo, Ciro 65
Cirino Pomicino, Paolo 293
Concia, Paola 229
Confalonieri, Fedele 111, 323
Coppola, Cristina 295
Cossiga, Francesco 137
Cota, Roberto 133, 157, 189, 247, 275-276, 327
Craxi, Bettino 137, 307, 317
Craxi, Bobo 317
Croce, Benedetto 25
Cucchi, Aldo 68,
Cutolo, Raffaele 65

D'Amico, Ilaria 39
D'Amico, Silvio 202
D'Annunzio, Gabriele 193
Damiani, Damiano 173
De Angelis, Rodolfo 19
de Cervantes Saavedra, Miguel 21
De Filippo, Eduardo 277
De Gasperi, Alcide 48, 181-182, 307
De Gaulle, Charles 76
De Gregorio, Sergio 239
De Magistris, Luigi 25
Dell'Utri, Marcello 19, 99, 241, 247
Di Pietro, Antonio 93, 131-132
Di Vittorio, Giuseppe 95
Diaz, Armando 96
Diderot, Denis 253

Eco, Umberto 38, 213, 307
Ellekappa (Laura Pellegrini) 93, 229
Éluard, Paul 234
Englaro, Beppino 143
Englaro, Eluana 25, 62, 129-130, 143, 147, 151, 154-155, 159, 165, 171, 285, 316
Epifani, Guglielmo 15, 243, 245, 247, 273

Farina, Renato 313
Fazio, Fabio 229, 271
Fede, Emilio 21, 129
Felt, Mark 70
Feltri, Vittorio 171, 313

Ferrucci, Francesco 184
Fini, Gianfranco 17, 27-28, 40, 66, 172, 195, 205, 219, 225-226, 232, 289
Finocchiaro, Anna 46, 178
Fioravanzo, Monica 283
Fiorello, Rosario 251-253, 313
Formigoni, Roberto 130
Franceschini, Dario 177, 179-180, 209-210, 247, 280, 301, 325
Franchetti, Leopoldo 51
Frassineti, Augusto 92
Frati, Luigi 31
Frattini, Franco 30, 78, 275

Gabanelli, Milena 268
Gadda, Carlo Emilio 129
Galilei, Galileo 147, 230
Gandhi, Mohandas Karamchand 97
Gasparri, Maurizio 55, 153, 157-158, 171, 193-196, 219, 225, 242, 247, 252, 299, 327
Gavarni, Paul 80
Gelli, Licio 93
Gelmini, Mariastella 48, 56, 100, 141-142
Gemelli, Agostino 66
Gentile, Giovanni 241
Gheddafi, Muhammar 78
Ghedini, Niccolò 149, 159, 297, 325
Giannelli, Emilio 93-94, 323
Giordano, Mario 199, 301

Girolimoni, Gino 173
Gobetti, Piero 307
Gonella, Guido 53
Gozzano, Guido 227
Gramsci, Antonio 25-26, 323
Grosz, George 189
Guareschi, Giovannino 93
Guevara, Ernesto 91-92
Guttuso, Renato 25
Guzzanti, Paolo 313

Hack, Margherita 114
Hikmet, Nazim 234
Hoffman, Karl 276
Hussein, Saddam 85, 205, 278

Jeanmaire, Zizi 54

Kant, Immanuel 279
Karzai, Hamid 207
Kassam, Farouk 65
Kim Il Sung 205
Kohl, Helmut 239
Krusciov, Nikita 15, 221

La Russa, Ignazio 66, 247, 280, 284, 323, 325, 327
Lanzillotta, Linda 101
Lario, Veronica 293, 297, 301-303
Lee, Ang 53
Letizia, Elio 317-318, 321, 325
Letizia, Noemi 293, 309, 315, 317, 319, 321
Letta, Gianni 40, 319

Levi, Carlo 283
Leibniz, Gottfried 23
Liggio, Luciano 65
Littizzetto, Luciana 229
Lo Bello, Ivan 295
Lo Piccolo, Salvatore 121
Lo Presti, Gaetano 64
Lupi, Maurizio 247
Lusetti, Renzo 166

Macario, Erminio 289
Magnani, Valdo 68
Majorana, Ettore 23
Malaparte, Curzio 25
Manfredi, Nino 173
Mantovano, Alfredo 295
Manzoni, Alessandro 225
Maraini, Dacia 269-270
Maramaldo, Fabrizio 184
Maraventano, Angela 78
Marchesi, Concetto 25
Marco Antonio 27-28
Maria Antonietta 115
Marini, Franco 166
Maroni, Roberto 78, 111, 123, 125-126, 133, 141, 167-168, 189, 203, 247, 249, 261, 275, 295, 309, 315, 327
Marotta, Giuseppe 97
Marx, Karl 255-256
Masi, Mauro 271
Mastella, Clemente 163-164, 293
Mastroianni, Marcello 301
Matteotti, Giacomo 121
Matthews, Herbert 105

Indice dei nomi

Mazza, Mauro 199
Mazzetti, Loris 271
McCauley, Rosa Louise 255
Medvedev, Dmitrij 137
Melloni, Mario 277
Mentana, Enrico 153-154, 171, 313, 323
Merkel, Angela 12
Mesina, Graziano 65
Metastasio, Pietro 150
Mieli, Paolo 39
Migliore, Celestino 37
Mills, David 325
Mimun, Clemente 199
Mina (Benedetta Mazzini) 72
Montalcini, Rita Levi 271, 272
Montanelli, Indro 89
Montesquieu 149
Moratti, Letizia 97
Moravia, Alberto 252-253, 259
Morbelli, Riccardo 26
Mubarak, Hosni 319
Murdoch, Rupert 36
Musco, Angelo 89-90
Mussolini, Alessandra 239
Mussolini, Benito 17, 89-90, 105, 121, 173, 217, 225, 241-242, 283, 302, 323

Napolitano, Giorgio 89-90, 131-132, 144, 147, 160, 259, 281-282
Natta, Giulio 105
Neruda, Pablo 234
Nixon, Richard 70, 71
Nizza, Angelo 26

Obama, Barack 6, 61, 71, 117, 121, 137-138, 191, 273-274
Olmert, Ehud 121-122
Ortese, Anna Maria 287
Osiris, Wanda 289

Padoa Schioppa, Tommaso 57
Padre Pio 201
Palumbo, Anna 317-318, 321
Panebianco, Angelo 113
Parisi, Gianni 233
Pasolini, Pier Paolo 259
Pasquino, Gianfranco 27
Pasternak, Boris 234
Pavese, Cesare 24
Petroselli, Luigi 197
Pio II 104
Pio XI 66-67
Pio XII 66
Pirandello, Luigi 149, 277
Pisanu, Giuseppe 51, 142
Pisciotta, Gaspare 64
Podda, Carlo 101
Porzia 27-28
Prezzolini, Giuseppe 175
Prodi, Romano 57, 78, 123, 163-164, 173-174, 199
Protti, Daniele 195

Quagliariello, Gaetano 153, 157, 171, 243, 247

Ractz, Karol 236
Ranieri, Massimo 72
Ratzinger, Joseph Alois 143
Rembrandt 189

Riina, Salvatore 326
Romano, Emanuela 293
Rossella, Carlo 207, 307-308
Rossini, Alfredo 265
Rotondi, Gianfranco 147, 239
Ruini, Camillo 319
Rutelli, Francesco 166, 187

Sacconi, Maurizio 43-44, 62-63, 129, 143-144, 147, 151-152, 243-244, 247, 251, 286
Salazar, António de Oliveira 225
Salgari, Emilio 219
san Tommaso d'Aquino 38
santa Teresa del Bambin Gesù 25
Santoro, Michele 267, 269, 271
Saroyan, William 117
Scajola, Claudio 24, 43
Scapagnini, Umberto 40, 239, 319
Schama, Simon 189
Schifani, Renato 17, 71
Sciascia, Leonardo 6, 103, 259, 260, 287
Scola, Ettore 313
Sernagiotto, Remo 203-204
Serra, Michele 283
Silone, Ignazio 269
Sindona, Michele 64
Solženicyn, Aleksandr 121
Sonnino, Sidney 51
Soru, Renato 127-128
Stalin, Iosif 121, 205

Stenco, Bruno 47

Tabucchi, Antonio 270
Tarsitano, Fausto 179
Tettamanzi, Dionigi 74-75, 144, 245-246
Thatcher, Margaret 239
Togliatti, Palmiro 68, 307
Toti, Enrico 221
Totò (Antonio De Curtis) 65, 277
Tremonti, Giulio 31-32, 40, 43-45, 47-48, 62, 76, 115-116, 127, 167-168, 171, 243, 277-278, 286

Uccello, Antonino 64

Vacca, Beppe 25
Vauro (Vauro Senesi) 269, 271
Vegas, Giuseppe 47
Veltroni, Walter 17, 172, 197
Vespa, Bruno 143-144, 153, 173, 235, 297
Vianello, Andrea 91
Villari, Riccardo 17-18, 58, 95-96, 122
Vincino (Vincenzo Gallo) 323
Vitali, Alvaro 306

Welby, Piergiorgio 25
Woods, Byron 49
Woodward, Bob 70

Zampa, Sandra 199
Zero, Renato 133
Zupo, Pino 179

Nella stessa collana

Oliviero Beha
ITALIOPOLI

Daniele Biacchessi
IL PAESE DELLA VERGOGNA

Giuseppe Lo Bianco, Sandra Rizza
L'AGENDA ROSSA DI PAOLO BORSELLINO

A cura di David Bidussa
SIAMO ITALIANI

A cura di Bruno Tinti
TOGHE ROTTE

Claudio Sabelli Fioretti, Giorgio Lauro
A PIEDI

Carla Castellacci, Telmo Pievani
SANTE RAGIONI

Carmelo Lopapa
SPARLAMENTO

Massimo Cirri, Filippo Solibello
NOSTRA ECCELLENZA

Vania Lucia Gaito
VIAGGIO NEL SILENZIO

Andrea Casalegno
L'ATTENTATO

Pino Petruzzelli
NON CHIAMARMI ZINGARO

Saverio Lodato, Roberto Scarpinato
IL RITORNO DEL PRINCIPE

Tito Boeri, Pietro Garibaldi
UN NUOVO CONTRATTO PER TUTTI

Elena Valdini
STRAGE CONTINUA

A cura del Centro Studi Fabrizio De André
IL SUONO E L'INCHIOSTRO

Luca Rastello
IO SONO IL MERCATO

Bruno Tinti
LA QUESTIONE IMMORALE

Antonella Mascali
LOTTA CIVILE

Daniele Biacchessi
PASSIONE REPORTER

Loretta Napoleoni
LA MORSA

Oliviero Beha
I NUOVI MOSTRI

Marco Travaglio, Vauro
ITALIA ANNOZERO

Roberto Petrini
PROCESSO AGLI ECONOMISTI

Finito di stampare
luglio 2009 presso
Rotolito Lombarda SpA - Pioltello, Milano